RADICAL

ESTUDIO PARA GRUPOS PEQUEÑOS

DAVID PLATT

LifeWay Press®
Nashville, Tennessee

Radical, Estudio para grupos pequeños
Publicado por LifeWay Press
© Copyright 2013 •David Platt®

Ninguna parte de este libro puede ser reproducida o copiada,
bien sea de manera electrónica o mecánica, incluyendo
fotocopias, grabaciones, digitalización y/o archivo de imágenes
electrónicas, excepto cuando se autorice por la Editorial. Las
solicitudes de permisos para realizar reproducciones o copias
deben hacerse por escrito y enviarse a:
LifeWay Press, One LifeWay Plaza, Nashville, TN 37234-0175.

ISBN (13): 978-14158-78156
ISBN (10): 1415878153
Item: 005558739

Clasificación Decimal Dewey 261.1
Sub-división: Iglesias/Vida cristiana
Cristianismo y cultura

A menos que se indique lo contrario, todas las citas bíblicas
se han tomado de la Santa Biblia, Versión Reina Valera de
1960, propiedad de las Sociedades Bíblicas en América Latina,
publicada por Brodman & Holman Publishers, Nashville, TN.
Usada con permiso.

Para ordenar copias adicionales escriba a LifeWay Church
Resources Customer Service,

One LifeWay Plaza, Nashville, TN 37234-0113; FAX (615) 251-
5933; teléfono 1-800 257-7744 ó envíe un correo electrónico a
customerservice@lifeway.com. Le invitamos a visitar nuestro
portal electrónico en http://www.lifeway.com donde encontrará
otros muchos recursos disponibles. También puede adquirirlo
u ordenarlo en la librería LifeWay de su localidad o en su librería
cristiana favorita.

Adults Multi-Language Publishing Team, LifeWay Church
Resources Division

One LifeWay Plaza, Nashville, TN 37234-0135

Editor: Dr. Óscar J. Fernández
Asistente Editorial: Elizabeth Díaz-Works
Diseño: Jon Rodda
Servicios de traducción y corrección: Elizabeth Morris
Servicios de Proof-reading: Sara T. García

Impreso en los Estados Unidos de América

ÍNDICE

EL AUTOR

David Platt es el pastor principal de Church at Brook Hills en Birmingham, Alabama. También es el autor de Radical: Volvamos a las raíces de la fe (Unilit 2011) y de Radical Together: Unleashing the People of God for the Purpose of God (Multnomah, 2011). Platt, un expositor muy conocido, tiene tres títulos de enseñanza superior, entre ellos un doctorado del Seminario Teológico Bautista de New Orleans.

La pasión de Platt en el ministerio es difundir el evangelio mediante la formación de discípulos. "Creo que Dios ha creado de una manera única a cada uno de sus seguidores para impactar al mundo", señala él. "Dios tiene por costumbre bendecir a su pueblo para que sus caminos y su salvación se den a conocer a todos los pueblos". Con este fin, Platt ha viajado por todos los Estados Unidos y alrededor del mundo enseñando la Biblia y preparando a líderes de iglesias.

INTRODUCCIÓN

Los rayos del sol tocan el hielo encima de las montañas andinas y se forma una sola gota de agua. Comienza su dudoso curso hacia abajo, poco a poco se une a otras gotas de agua y así se va formando una corriente estable. La corriente gana velocidad y fortaleza. A miles de metros más abajo, y luego de cientos de kilómetros, se unen lo que una vez fueron gotitas aisladas y ahora forman el río más caudaloso sobre la faz de la tierra: el Amazonas. El Amazonas fluye hacia el Océano Atlántico a una velocidad de casi 200 mil metros cúbicos por segundo y es más poderoso que si se unieran los otros diez ríos más grandes del mundo.

En mi primer libro, Radical, exploré cómo el evangelio bíblico afecta las vidas cristianas en el aspecto individual al igual que estas gotas de agua particulares se derriten y fluyen por la montaña. La verdad de Cristo penetra nuestros corazones, derrite nuestras suposiciones y nos impulsa en una trayectoria de entrega a Dios. En un mundo que tiene una imperiosa necesidad espiritual y física los creyentes que creen en el evangelio y exaltan a Dios no tienen tiempo para malgastar sus vidas en una fe que el llamado "sueño norteamericano" ha distorsionado. El sueño norteamericano admira lo que la gente puede lograr cuando creen en sí mismos, confían en sus habilidades y trabajan con tesón. Pero el evangelio tiene prioridades diferentes. Nos llama a morir a nosotros mismos, creer en Dios y confiar en su poder. La meta del sueño norteamericano es engrandecernos a nosotros mismos. La meta del evangelio es engrandecer a Dios. En Radical desafié a los creyentes a dejarlo todo por el evangelio, tomar sus cruces y seguir a Cristo.

Pero ni usted ni yo fuimos hechos para lanzarnos solos por la montaña de la obediencia radical. La fuerza de una sola gota de agua que desciende por los Andes es minúscula, como también lo será el impacto de un cristiano que viaje solo. Pero como hombres y mujeres rendidos a la persona de Cristo unidos en sus iglesias y comprometidos con el objetivo de Cristo, nada puede detener que el evangelio se difunda a los confines de la tierra.

Así que en Radical Together examiné lo que puede suceder cuando aplicamos las declaraciones revolucionarias de Cristo. Consideré la fuerza de un pueblo que se une para disfrutar la gracia de Dios en la iglesia mientras llevan la gloria de Dios al mundo. Desafié a los creyentes a responder esta pregunta: ¿Cómo podemos nosotros, en la iglesia, dar rienda suelta al pueblo de Dios, en el Espíritu de Dios, con la Palabra de Dios, para la gloria de Dios en el mundo?

Este estudio bíblico para grupos pequeños combina las verdades de Radical y de Radical Together para enmarcar el llamado de Jesús a un discipulado genuino. A través de las seis semanas del estudio usted aprenderá lo que quiso decir Jesús cuando llamó a la gente a seguirle. Al responder al llamado de una entrega radical, reconocerá su necesidad apremiante de Cristo y una completa dependencia de su Palabra. Adoptará las prioridades de Jesús de cuidar del pobre y llevar el evangelio a los perdidos y aprenderá a estrechar fuerzas con otros creyentes en una obediencia resuelta que desafía a la muerte en pro de un objetivo: "La declaración del evangelio de Jesús para mostrar su gloria a todas las naciones".

ENTREGA
RADICAL

Bienvenido al primer debate de *Radical* para grupos pequeños. Comience la sesión con las actividades que aparecen a continuación:

Durante los últimos años varias palabras de moda y eslóganes se han abierto camino en el cristianismo promedio. A veces estas palabras y frases son útiles para aclarar nuestras creencias o distinguir una nueva manera de pensar. En otras ocasiones no son tan útiles.

Marque cualquiera de las siguientes frases o palabra de moda que haya escuchado en las últimas semanas. Según lo permita el tiempo, consideren cuáles de estas palabras y frases son útiles y cuáles son dañinas en la cultura actual.

- Sensibles a los que andan buscando a Dios
- La oración del pecador
- Invitar a Jesús a su corazón
- Meditación (como en "tuve una gran meditación esta mañana")
- Estar en el centro de la voluntad de Dios
- Tiempo a solas con Dios
- Compañerismo
- Algo es parte del plan de Dios
- Testimonio

¿Cuál es su opinión, ya sea positiva o negativa, con respecto a otras palabras de moda o eslóganes?

¿Cómo se convierte una persona en discípulo de Jesucristo? Trate de responder esta pregunta sin usar ninguna frase de moda o eslogan.

Lean en voz alta Mateo 10.37-38:

"El que ama a padre o madre más que a mí, no es digno de mí; el que ama a hijo o hija más que a mí, no es digno de mí; y el que no toma su cruz y sigue en pos de mí, no es digno de mí".

ENTREGA
RADICAL

Nadie podría acusar jamás a Jesús de ser bueno en relaciones públicas. ¿Quién sino Jesús tendría el hábito de dispersar las multitudes con enseñanzas difíciles y controversiales cuando hubiera sido tan fácil reunir un ejército?

¿Quién sino Jesús escogería insultar constantemente a la jerarquía de su tiempo en lugar de tratar de conseguir amigos influyentes en las altas esferas?

¿Quién sino Jesús haría alianza con lo más bajo e insignificante de su sociedad, aquellos que no tenían influencia política ni un estado social?

Sin embargo, eso fue lo que hizo Jesús. Eso es lo que sigue haciendo. Con todos nuestros adelantos en la educación, la multiplicidad de estudios bíblicos y libros a nuestra disposición y la abundancia de iglesias en muchos lugares del mundo, tal vez se nos ha olvidado que seguir a Jesús no es como escoger el sabor que usted quiera ponerle a su café.

El llamado para seguir a Jesús es un llamado a abandonar a todos y todo lo que no sea Él. Es el llamado a una entrega radical.

DÍA 1
SÍGUEME

Imagínese el cuadro: Es un día despejado en el lago. Dos hermanos están pescando y la pesca es buena. Ya saben que van a tener un buen día y les emociona pensar en la cantidad de pescados que tendrán al finalizar el día.

Escuchan que alguien les habla a poca distancia, desde la orilla. Se cubren los ojos del sol e inclinan la cabeza para escuchar. Pueden distinguir una palabra que cambiará el resto de sus vidas:

"Sígueme".

Lea Mateo 4.18-22. ¿Por qué cree que Jesús llamó a Pedro y a Andrés a seguirle en lugar de llamarlos a creer en Él?

¿Cómo el seguir a Jesús y creer en Él van de la mano?

¿Qué implicó la entrega para los primeros discípulos que se identifican en este pasaje?

"Sígueme". Esta palabra tenía implicaciones radicales para las vidas de los discípulos. Era una época en la que los hijos de los pescadores también se hacían pescadores, así que estos hombres deben haber crecido cerca del mar. La pesca era su sustento y lo único que conocían. Representaba todo lo que les era conocido e innato.

Y de esto es que Jesús les llamaba a alejarse.

Regrese al pasaje. ¿Qué, específicamente, tuvieron que dejar estos hombres para seguir a Jesús? Enumere esas cosas en la columna de la izquierda. Luego, en la columna de la derecha, mencione lo que representaba cada cosa que ellos dejaron.

DEJARON ATRÁS	LO QUE REPRESENTABA

Al llamar a estos hombres a dejar sus botes, Jesús los llamaba a abandonar su profesión. Cuando los llamó a dejar sus redes, los llamó a abandonar sus posesiones. Cuando los llamó a dejar a su padre solo en el bote, los llamó a abandonar a su familia y amigos. En última instancia, Jesús les estaba llamando a abandonarse a sí mismos.

Los hombres estaban dejando lo cierto por lo inseguro, la seguridad por el peligro y el cuidar de sí mismos por la denuncia propia. Pongámonos en el lugar de aquellos entusiastas seguidores de Jesús en el primer siglo. ¿Y qué tal si fuera usted el que sale del bote? ¿Qué si fuera usted el posible discípulo a quien se le dice que abandone sus redes? ¿Y si su padre fuera quien le preguntara adónde vas?

Póngase en el bote de aquel día. ¿Cómo cree, sinceramente, que habría respondido?

¿Cuál habría sido la parte más difícil de seguir a Jesús en ese momento? ¿Por qué?

¿Cree que la mayoría de los cristianos han tenido que renunciar a mucho para seguir a Jesús? ¿Por qué sí o por qué no?

Es aquí donde tenemos que hacer una pausa para considerar si estamos comenzando a redefinir el cristianismo o no. Tenemos que renunciar a todo lo que tenemos para seguir a Jesús. Pero poco a poco, de manera muy sutil, hemos reducido el seguir a Jesús a la idea de seguir a Jesús.

Esto lo hacemos de muchas formas. Racionalizamos las exigentes enseñanzas de Jesús: "Por supuesto, Jesús no estaba diciendo que realmente usted abandonara a su familia. Y claro, en realidad no estaba diciendo que lo dejara todo para seguirle". Aunque es verdad que Jesús no exigió, ni exige, que todo el mundo abandone a su padre ni su trabajo para seguirle, sí exige una obediencia y compromiso absolutos. En lugar de abrazar su llamado con gozo, tenemos la tendencia egoísta de suavizarlo a un sacrificio teórico y a una entrega hipotética. Queremos seguir a un Jesús que no exige nada de nosotros.

¿Alguna vez hizo racionalizaciones semejantes al leer las palabras de Jesús? ¿Recuerda alguna ocasión específica?

¿Por qué cree que lo hacemos?

En esencia, hemos vuelto a definir el cristianismo. Hemos cedido a la peligrosa tentación de tomar al Jesús de la Biblia y convertirlo en una versión de Jesús con la que nos sentimos más cómodos. Es un Jesús que acepta nuestro materialismo, no tiene problemas con nuestra devoción nominal y se complace con un tipo de fe que requiere asistir el domingo a la iglesia pero sin un verdadero compromiso en la vida cotidiana.

Pero me pregunto si yo pudiera ayudar a atravesar la neblina de la justificación y hacer una sencilla pregunta mientras estudiamos juntos las palabras de Cristo:

¿Y QUÉ SI EN REALIDAD ÉL ESTABA HABLANDO EN SERIO?

DÍA 2
UN LLAMADO PARA MORIR

¿Y si Jesús habló en serio?

Es un pensamiento inquietante, ¿verdad? Las implicaciones son asombrosas. Agitan el núcleo de lo que pensamos que creemos como cristianos. La verdad es que en muchos lugares del mundo las personas toman en serio las palabras de Jesús. Personas que abandonan familiares y profesiones. Tienen que hacerlo cuando les amenazan con la persecución y el maltrato. Están viviendo la verdad de Lucas 9.

Lea Lucas 9.57-62. Anote lo que Jesús dijo que significaba el precio de seguirle.

¿Cómo mal interpretamos esas palabras de Jesús cuando no las tomamos de forma literal?

Tres hombres se acercaron a Jesús dispuestos a seguirle. Podía haber sido el sueño de un evangelista. Lo único que le faltaba a Jesús era llevarlos por el Camino de Romanos o guiarlos en la oración del pecador. ¿Cierto?

Pero Jesús, de manera sorprendente, parece haber tratado de convencerlos de que no lo siguieran. Al primer hombre le dijo que en el camino por delante le aguardaba no tener casa porque a los seguidores de Jesús no se les garantiza que estará cubierta siquiera su necesidad básica de albergue. Al segundo hombre Jesús le dijo que hay una prioridad todavía más alta que la de las relaciones familiares más íntimas. Al tercero Jesús le dijo que tener una relación con Él implicaba una devoción total, superior y exclusiva.

Quedarse sin casa. Dejar que otro entierre a su papá. Ni siquiera se despida de la familia.

Si en una iglesia occidental de hoy se predicara un sermón así, ¿cuál cree usted que sería la respuesta?

Lea Lucas 14.25-35. En una oración, ¿cuál fue el mensaje central de Jesús en esta enseñanza?

Jesús nunca endulzó su mensaje. Nunca lo minimizó para ganar popularidad. Nunca lo disimuló para aumentar su influencia. Siempre dijo la verdad a las personas. Sin embargo, dos mil años después todavía estamos tratando de encontrar escapatorias para minimizar el costo de seguir a Cristo.

Esa es la idea de Lucas 14.25-35: Considerar en lo que nos estamos metiendo antes de hacerlo. Seguir a Jesús no es un extra para la vida real mediante el cual podemos hacer otras cosas al mismo tiempo que seguimos a Jesús. El llamado a seguir a Cristo es la única cosa. Es todo o nada.

Lea Lucas 9.23. ¿Por qué cree que Jesús escogió la imagen de la cruz para describir el seguirle a Él?

Este versículo eleva a un nivel superior el considerar el precio. De hecho, para el público original de Jesús la enseñanza debe haber sido todavía más escandalosa. Cuando lo leemos hoy perdemos parte del impacto, pero para los oyentes originales la cruz no era una pegatina para el auto ni una prenda. Era una marca de vergüenza y muerte. La crucifixión sigue siendo la manera más brutal de ejecución que jamás se haya ideado.

Jesús estaba llamando a sus seguidores a tomar un instrumento de tortura para seguirle. Si alguien cargaba una cruz por el pueblo, nadie se preguntaba hacia dónde iba. No le quedaba esperanza. No había sueños. Ni aspiraciones. No había esperanza de escape. Su destino estaba sellado.

Fue a eso que Jesús comparó la vida cristiana. Primero que nada es un llamado a morir.

¿A qué partes de la vida todavía usted se está aferrando?

Si tomara en serio el llamado a morir, ¿de qué maneras prácticas cambiaría su vida?

Cargar esa cruz tiene un carácter definitivo. Se trata de renunciar a cualquier derecho sobre su vida. Eso es lo que realmente significa llamar a Jesús Señor. Significa que Él es su Maestro y su Rey. Él tiene señorío supremo sobre usted y ese señorío va más allá de sus deseos, supuestas necesidades y sueños.

ENTONCES, ¿QUÉ CREE?

¿REALMENTE HA CALCULADO EL PRECIO?

¿DÓNDE ESTÁ SU TESORO?

Nos condicionaron no solo para esperarlo todo sino también para tenerlo todo. No hay lugar donde se manifieste más que en nuestras posesiones. A pesar de las advertencias que una y otra vez hacen las Escrituras acerca del peligro de la riqueza y el dinero, así como las exhortaciones a dar libremente y como un sacrificio, una y otra vez encontramos la manera de justificar nuestra sobreabundancia.

Es probable que el materialismo, más que ninguna otra cosa, se oponga al llamado de seguir a Jesús. Realmente fue así con el posible seguidor de Jesús, en Marcos 10, quien se ha llegado a conocer como el joven rico.

Lea Marcos 10.17-31. ¿Le parece que este hombre quiere seguir a Jesús de corazón? ¿Por qué sí o por qué no?

¿En algún momento le sorprende la respuesta de Jesús? ¿Por qué sí o por qué no?

Si un hombre como el joven rico hubiera venido a usted con una pregunta similar, ¿cómo le habría respondido? ¿Por qué?

Este hombre era joven, rico, inteligente e influyente. Era un buen prospecto para el reino, dispuesto y listo. Si nosotros estuviéramos en el lugar de Jesús, tal vez estuviéramos saboreando la oportunidad. Piense en todo lo que un hombre como este, con toda su influencia y prestigio, podría hacer. No tiene ciencia, tenemos que conseguirlo.

Lamentablemente, Jesús no tenía los libros de evangelismo personal que hoy tenemos nosotros y que nos dicen cómo echar la red y cerrar la venta. En lugar de guiarlo mediante una sencilla oración, Jesús le dio algo más que hacer: "...Una cosa te falta: anda, vende todo lo que tienes, y dalo a los pobres, y tendrás tesoro en el cielo; y ven, sígueme, tomando tu cruz". (Marcos 10.21)

¿Por qué cree usted que Jesús respondió de esta manera?

¿Qué revela la reacción final del joven sobre su opinión en cuanto a sus posesiones?

Jesús siempre es consecuente. Este es el mismo llamado que hizo a sus futuros discípulos a través de todos los evangelios: "Ven, pero cuando vengas, deja todo lo demás atrás".

Pero no pasemos por alto la segunda mitad de la invitación de Jesús: "...ven, sígueme" (v. 21). Jesús no solo estaba llamando al hombre para que se alejara de su tesoro, lo estaba llamando a un tesoro mayor. Esto es muy importante porque si no somos cuidadosos, podemos mal interpretar estos llamados radicales a la entrega y pensar que Jesús no quiere lo mejor para nosotros.

Por el contrario, Jesús nos ama tanto que no está dispuesto a que nos conformemos con algo que no sea lo mejor.

Vuelva a leer esa oración: ¿Dónde ve que se manifiesta ese principio en la historia del joven rico?

¿En qué momento amó Jesús al hombre en el versículo 21?

¿Por qué es significativo?

Jesús miró al hombre y lo amó. Fue por ese amor que Jesús hizo el llamado a una entrega radical. Jesús no estaba tratando de arrancarle al hombre todo su placer. En cambio, le estaba ofreciendo la satisfacción del tesoro eterno. Jesús estaba diciendo: "Será mejor no solo para los pobres, sino para ti también, cuando entregues las cosas a las que te estás aferrando".

Lea Mateo 13.44. ¿En qué se asemejan la verdad de esta parábola y la historia del joven rico?

Observe en esta parábola que el que encuentra el tesoro no vendió su propiedad de mala gana. En cambio, reconoció el verdadero valor de lo que había encontrado y con alegría vendió todo lo que tenía. ¿Por qué? Porque encontró algo por lo cual valía la pena perderlo todo.

Esta es la imagen de Jesús en los evangelios. Él es alguien por quien vale la pena perderlo todo. Si nos alejamos del Jesús de la Biblia, podremos ser más ricos en la tierra, pero sacrificamos la vida y las riquezas eternas. Sin embargo, cuando abandonamos las baratijas de este mundo y respondemos a la invitación radical de Jesús, descubrimos el infinito tesoro de conocerlo a Él y experimentarlo.

EL ASUNTO ES SI EN REALIDAD CREEMOS

O NO QUE ÉL **VALE** LA PENA.

LA TIRANÍA DE LO BUENO

A través de la historia las personas han abrazado el valor de seguir a Jesús. Al hacerlo no miraban con anhelo las cosas de este mundo. En cambio, miraban atrás, a lo que consideraban valioso, para solo sentirse desanimadas ante su impactante falta de visión. No había comparación entre lo que habían perdido y lo que habían ganado. Esto no solo se cumple en personas sino también en el cuerpo de Cristo. ¿Qué pasaría si el pueblo de Dios, como un todo, comenzara a ver el inmenso valor de Jesús? ¿Qué si una fuerza masiva de cristianos comenzara a seguir a Jesús con una entrega sin reservas? Esa es una propuesta que cambia al mundo.

¿Cuáles son algunos obstáculos que pudieran interponerse en el camino de toda una iglesia que quiera vivir para Jesús con una entrega sin reservas?

Describa una etapa durante la vida de su iglesia en la que sintió que estaba cerca de este tipo de entrega.

¿Cuáles fueron los catalizadores?

¿Sucedió algo que interrumpió el impulso?

Uno de los peores enemigos de los cristianos pueden ser las cosas buenas en la iglesia. Por supuesto, algunos no estarán de acuerdo conmigo; sin dudas el pecado y Satanás son nuestros peores enemigos. Es verdad, pero nosotros sabemos que el pecado y Satanás son nuestros enemigos. Sabemos que tenemos que estar alertas contra ellos. Pero demasiado a menudo estamos ajenos a la amenaza que representan las cosas buenas que estamos haciendo. Hemos bajado la guardia contra la manera en que lo bueno puede impedir lo mejor. En este sentido las cosas buenas pueden convertirse sutilmente en nuestros peores enemigos.

Vuelva a leer ese párrafo. ¿Qué cosas buenas en la iglesia pudieran convertirse en el enemigo de lo mejor?

¿Cuál es la responsabilidad de cada cristiano para llevar la iglesia hacia lo mejor?

Lea Hechos 6.1-7. ¿Qué principios sobre las prioridades de la iglesia puede sacar de este relato?

Los debates sobre la distribución de los recursos y los programas de la iglesia no son algo nuevo. Hasta en los primeros días de la iglesia los creyentes tenían que reunirse y decidir qué sería realmente importante para ellos.

En Hechos 6 el asunto era la distribución de la comida a las viudas de la comunidad. La iglesia respondió no solo a la importancia de la necesidad sino también a la importancia de la oración y las Escrituras. Examinaron con objetividad todo en lo que estaban involucrados y se reorganizaron para asegurarse de que lo mejor no sufriera por amor a lo bueno.

Pero existe una diferencia clave entre aquella época y la nuestra: No estamos decidiendo los mejores métodos para distribuir la comida a los necesitados de manera que tengamos suficiente tiempo para orar y estudiar la Palabra de Dios. Más bien estamos decidiendo si asignar nuestros recursos a edificios más grandes. Estamos evaluando la eficiencia del programa decimoséptimo en el calendario de la iglesia para esta semana. Ese es el verdadero peligro: "Que gastamos nuestras vidas en actividades religiosas que carecen de productividad espiritual, activos en la iglesia pero sin hacer prosperar el Reino de Dios".

Piense en el tiempo que lleva de miembro en una iglesia local. ¿Ha estado más comprometido con las actividades de la iglesia que con hacer prosperar el Reino de Dios?

¿Cómo lo sabe?

La actividad no puede reemplazar a lo esencial. Como cristianos hoy, es fácil que usted y yo nos engañemos al pensar que la dedicación a los programas de la iglesia equivalen automáticamente a la devoción a los propósitos del reino. Es fácil llenar nuestras vidas y nuestras iglesias de cosas buenas que requieren nuestros recursos, como también de actividades buenas que exigen nuestra atención. Pero al final estas cosas no serán lo mejor para el disfrute del evangelio en nuestras iglesias y el avance del evangelio en nuestras comunidades.

Para ir tras lo mejor tiene que desaparecer algo de lo bueno. Para que eso suceda, y para que la iglesia siga el ejemplo de Hechos 6, tenemos que estar dispuestos, no solo en nuestras vidas sino también en nuestras iglesias, a ponerlo todo sobre el tapete y evaluarlo a la luz de la entrega radical a Dios.

TENEMOS QUE ESTAR DISPUESTOS A SACRIFICAR LAS COSAS BUENAS EN LA IGLESIA PARA EXPERIMENTAR LAS COSAS MEJORES DE DIOS.

PÓNGALO TODO SOBRE EL TAPETE

Para experimentar las grandes cosas de Dios en la iglesia tenemos que ponerlo todo sobre el tapete. El presupuesto, los programas, las clases, la visión: todo debe reconsiderarse delante de Dios. Tenemos que entregárselo todo a Él y pedirle que nos muestre sus prioridades y propósitos.

No estoy hablando de aspectos bíblicos esenciales ni de asuntos teleológicos no negociables. No tenemos que cambiar las palabras de Dios ni las verdades del evangelio. En Hechos 6 la iglesia realmente no lo hizo.

Por el contrario, esta iglesia buscó alinearse con esas verdades. El resultado fue asombroso: "Y crecía la palabra del Señor, y el número de los discípulos se multiplicaba grandemente en Jerusalén; también muchos de los sacerdotes obedecían a la fe". (Hechos 6.7)

¿Qué cosas específicas en su iglesia tiene usted la capacidad de poner sobre el tapete para que se revalúen?

¿Cómo se podría hacer sin crear un espíritu de desunión en la iglesia?

La Palabra de Dios nos dirá las prioridades correctas para una iglesia. En Mateo 16, la primera vez que vemos que Jesús usara la palabra iglesia, Él dejó clara la misión del pueblo de Dios.

Lea Mateo 16.13-20. ¿Cómo respondió Pedro a la pregunta de Jesús?

¿Cree que Pedro entendió las implicaciones de lo que Jesús estaba diciendo? ¿Por qué sí o por qué no?

¿Cómo se relaciona la confesión de Pedro acerca de Jesús con la iglesia?

Esto fue un hito en el ministerio de Jesús. En medio de toda la confusión sobre la identidad de Jesús, Pedro confesó valientemente que Jesús era el Mesías. Dadas las palabras y acciones de Pedro en los capítulos siguientes de los evangelios, él no entendió por completo lo que estaba diciendo porque Jesús era un Salvador completamente diferente a lo que todo el mundo esperaba. Él no era el guerrero con espada en mano que ellos buscaban, era el Siervo Sufriente que nunca imaginaron.

No obstante, la confesión de Pedro sería el fundamento para cualquiera —en el pasado, presente o futuro— que se llamara cristiano. La iglesia, y todo lo que es y hace, está construida sobre esta verdad. La iglesia la forman aquellos a quienes Dios ha llamado para cumplir con su misión.

Esta misión tendrá la oposición de las fuerzas de las tinieblas, pero nunca la vencerán. A pesar de esa oposición, en el pueblo de Dios está entretejido un compromiso a no retroceder sino a seguir adelante en obediencia a Cristo. La iglesia no está hecha solo para defenderse del ataque sino para avanzar.

Vuelva a leer Mateo 16.13-20. ¿Cómo ve a la iglesia defenderse a sí misma hoy?

¿Cómo la ve avanzar?

Si queremos avanzar para llevar luz a las tinieblas, tenemos que liberarnos de lo que nos detiene. Dicho de una manera sencilla, necesitamos soltar ciertas cosas. Y necesitamos comenzar a hacernos algunas preguntas.

¿Estamos usted y yo, personalmente, dispuestos a poner sobre el tapete todo lo perteneciente a nuestras vidas para que Cristo determine qué debe quedarse y qué debe desaparecer?

¿Están su iglesia y mi iglesia dispuestas a poner sobre el tapete cada programa que hemos creado, cada puesto que hemos establecido, cada innovación que hemos adoptado, cada edificio que hemos construido, cada idea que hemos formulado, cada equipo que hemos armado y cada actividad que hemos organizado? ¿Estamos dispuestos a preguntarle a Dios si existe una mejor manera de usar el tiempo, la energía y el dinero que Él nos ha dado para su gloria en el mundo? ¿Está dispuesto a decir: "Señor, como tu pueblo no queremos conformarnos con las cosas buenas, solo queremos lo mejor"?

SI DAMOS JUNTOS ESTE PASO DE ENTREGA
Y OBEDIENCIA, VEREMOS QUE SOMOS PARTE DE
UN MOVIMIENTO DEL PUEBLO DE DIOS QUE ESTÁ
LOGRANDO CUMPLIR EL PROPÓSITO DE DIOS.

GRACIA
RADICAL

Bienvenido de nuevo al debate para grupos pequeños de *Radical*.

¿Qué le resultó nuevo o interesante en la semana 1 del cuaderno de trabajo? ¿Qué preguntas tiene?

¿A qué ha renunciado, específicamente, para seguir a Jesús? ¿Qué ha ganado, de manera específica?

¿Cómo definiría el materialismo como un estilo de vida? ¿En qué esferas choca el materialismo con el cristianismo en la vida cotidiana?

Al final de la reunión anterior usted identificó un paso que podía dar para quitar un obstáculo que le impide servir por completo como guerrero o guerrera de Dios. Si se siente cómodo haciéndolo, cuente si pudo hacerlo y qué experimentó como resultado.

Lea en voz alta Mateo 6.19-21:

> *"No os hagáis tesoros en la tierra, donde la polilla y el orín corrompen, y donde ladrones minan y hurtan; sino haceos tesoros en el cielo, donde ni la polilla ni el orín corrompen, y donde ladrones no minan ni hurtan. Porque donde esté vuestro tesoro, allí estará también vuestro corazón".*

Pasaje que sugerimos memorizar esta semana:

> *"Pero el que tiene bienes de este mundo y ve a su hermano tener necesidad, y cierra contra él su corazón, ¿cómo mora el amor de Dios en él?" (1 Juan 3.17)*

GRACIA
RADICAL

Tal vez todo esto le resulte exagerado.

"¿Qué pasó con el amor y la gracia?", pudiera decir. Esta idea de compromiso y entrega radicales parecen contradecir eso. ¿Verdad?

No.

Nuestro resentimiento frente a las exigencias del evangelio realmente revela cuán poco conocemos a Dios. El evangelio, la mejor noticia que pudiera imaginarse jamás, revela realidades acerca de Dios que en ocasiones preferiríamos no enfrentar. En el evangelio no solo encontramos un Padre que pudiera ayudarnos sino un Juez que pudiera maldecirnos con todo derecho.

Si ahondamos en el evangelio con sinceridad podremos encontrar no solo una imagen real del Dios al que decimos servir sino también una experiencia y reconocimiento todavía mayores de todo lo que Él ha hecho por nosotros en Cristo.

EL DIOS INCÓMODO

Me pregunto si a veces, de forma intencional o sin saberlo, enmascaramos la belleza de Dios en el evangelio al minimizar sus diversos atributos. Examine la mercadería cristiana y encontrará una plétora de libros, canciones y pinturas que muestran a Dios como un Padre amoroso. Y lo es. Pero no es solo un Padre amoroso.

Limitar nuestra comprensión de Dios a este cuadro, al final distorsiona la imagen de Dios que proyectamos a nuestra cultura.

¿Cuántos versículos de las Escrituras que hablen del amor de Dios conoce usted?

¿Cuántos versículos conoce sobre sus demás atributos?

¿Está mal concentrarse en un único atributo de Dios e ignorar el resto de su carácter? ¿Por qué sí o por qué no?

Lea los siguientes versículos. Junto a cada versículo anote el atributo del carácter de Dios que representa:

Salmos 5.5:

Isaías 6.1:

Habacuc 1.13:

Juan 3.36:

En los primeros 50 salmos aparecen en 14 oportunidades descripciones del odio de Dios hacia los pecadores, su ira hacia los mentirosos, etcétera. Todo esto brota de la santidad absoluta de Dios, su separación de cualquier cosa que sea pecaminosa. En Juan 3 encontramos uno de los versículos más famosos acerca del amor de Dios (ver v. 16), también encontramos uno de los versículos más desatendidos sobre la ira de Dios (ver v. 18).

Pareciera que de la misma manera que tratamos de suavizar las exigencias radicales de Jesús, también ajustamos nuestro conocimiento del carácter de Dios para que se acomode a nuestros deseos. Algunos pudiéramos hacerlo de manera inocente; tal vez nunca nadie nos dijo que Dios siente ira y es celoso de su gloria.

Sin embargo, es muy probable que nuestra falta de atención a las características menos cómodas del carácter perfecto de Dios sea una ceguera intencional. Escogemos no pensar en Dios de esa manera porque hacerlo pudiera requerir más de nosotros de lo que estamos dispuestos a dar.

¿Está de acuerdo con la afirmación anterior? ¿Por qué sí o por qué no?

¿Cómo el reflexionar en la plenitud del carácter de Dios pudiera requerir más de nuestra parte?

¿Tiene usted una visión desequilibrada del carácter de Dios? Coloque una marca junto a cada atributo de Dios para indicar la frecuencia con la que piensa en ese atributo.

	NUNCA	A VECES	A MENUDO
VERDAD			
SANTIDAD			
AMOR			
ETERNO			
PODER			
CELOSO			
JUEZ			
GRACIA			
JUSTO			
ENFADADO AL PECADO			
PATERNAL			
PERSONAL			
ESPÍRITU			
RECTITUD			
SALVADOR			
SOBERANO			
MISERICORDIA			

Cuando limitamos nuestro conocimiento de Dios, ya sea intencionalmente o no, a las partes con las que nos sentimos cómodos, nos damos el lujo de tomar mucho menos en serio nuestro pecado, prioridades, recursos, metas y sueños. Pero si la Biblia es cierta y Dios es quien la Biblia dice que es, no tenemos derecho a negarle nada a Él. Él tiene derecho a cada parte de nuestra vida.

Si viéramos a Dios como es, entonces nuestras vidas tendrían que cambiar. De una manera dramática.

Pero tener una visión limitada de Dios tiene otra consecuencia y al principio esta es contraria a la lógica. Cuando no vemos la santidad, la ira y la justicia de Dios, no podemos experimentar verdaderamente la plenitud de su gracia.

¿Por qué una visión limitada de la ira y la justicia de Dios pudiera llevarnos a menospreciar su gracia?

Es irónico, pero pudiéramos escoger hacer énfasis en el amor de Dios y no en la ira de Dios y así negarnos a pensar mucho en la realidad del infierno y la justicia. Incluso, pudiéramos argumentar que lo hacemos para destacar cuán grande es el amor de Dios. Pero en realidad estamos rebajando el mismo amor que tratamos de exaltar.

No podemos apreciar por completo la gracia de Dios sin apreciar por completo la santidad de Dios. Dicho de otra manera, no podemos conocer la grandeza de nuestra salvación sin conocer aquello de lo cual nos han salvado. La Biblia es muy clara en este punto:

DE LO QUE HEMOS SIDO SALVADOS,

POR LA GRACIA DE DIOS, ES DEL MISMO DIOS.

Para comprender la verdadera bondad del evangelio tenemos que reconocer el carácter verdadero de Dios. Cuando lo hacemos, comenzamos a sentir el peso de quiénes somos fuera de Cristo. La revelación de Dios en el evangelio muestra no solo quién es Él sino también quiénes somos nosotros.

¿Piensa usted en la humanidad de manera optimista o pesimista? ¿Por qué?

¿Cómo piensa la Biblia en la humanidad? ¿Puede mencionar pasajes específicos de las Escrituras que apoyen su respuesta?

Lea Génesis 8.21 y Lucas 11.13. ¿Qué verdad sobre la naturaleza de la humanidad presentan estos versículos?

La cruda verdad es que todos nacimos con un corazón malvado que detesta a Dios. Uno de los pasajes más conmovedores que saca esto a la luz es Efesios 2.1-3.

Lea Efesios 2.1-3. Anote las palabras que usó Pablo para describir a la humanidad.

¿Son demasiado ásperos? ¿Por qué sí o por qué no?

Según Pablo, salimos del vientre ya pecadores. Esa es nuestra naturaleza. Eso quiere decir que nuestra tendencia natural es al pecado y no a la justicia. Por supuesto, nadie mira un bebé y piensa: Qué bolita de pecado tan linda. Pero si lo piensa, nunca nadie nos enseñó a mentir ni a tomar cosas que no nos pertenecen. Todos llegamos a ese conocimiento muy naturalmente y por nuestra cuenta.

Cuando tomamos decisiones pecaminosas, sencillamente estamos viviendo según la naturaleza que llevamos dentro. Es lo más natural del mundo. Día tras día ejercemos nuestros impulsos naturales, despreciando así la autoridad del Creador sobre nosotros. Dios le hace señas a nubes tormentosas y vienen. Le dice al viento que sople y a la lluvia que caiga, e inmediatamente obedecen. Todo en la creación responde en obediencia al Creador... hasta que se trata de usted y de mí. Tenemos la audacia de mirar a Dios de frente y decirle que no.

Ahora bien, sería muy diferente si fuéramos los rebeldes de una película dramática y épica en la que estuviéramos zafándonos de las ataduras de un dictador insensible y abusador. Sin embargo, cuando uno reflexiona no solo en el poder de Dios sino también en la plenitud de su perfección, uno se da cuenta de cuán atroz, destructiva y arrogante es en realidad nuestra rebelión.

De hecho, realmente uno no puede apreciar la profundidad del pecado hasta que no medita en la bondad de Dios.

Lea los versículos siguientes y resuma lo que dice cada uno sobre la condición humana:

2 Corintios 4.4:

Efesios 4.18:

Estos versículos nos muestran la verdadera profundidad de nuestra necesidad. Estamos oscurecidos en nuestro entendimiento, y nuestros corazones son como piedra. Ni siquiera podemos ver a Cristo debido a la profundidad de nuestra ceguera espiritual. Sin intervención seguiríamos felices de camino al infierno, convencidos de nuestra bondad e ilustración.

La justicia y la ira de Dios son proporcionales a la profundidad de nuestro pecado. Y nuestro pecado es proporcional a la profundidad de la perfección de Dios. Súmelo y verá que carecemos de toda esperanza sin la intervención del mismo Dios. Cuando Jesús murió no lo hizo para que pudiéramos tener una vida mejor. Murió para que pudiéramos ser rescatados de la ira justa y poderosa de Dios. Jesús llevó este castigo sobre sí mismo.

Diga con sus propias palabras, ¿cómo Dios nos salvó de Dios?

Recordar esta verdad del evangelio, ¿cómo afecta nuestra comprensión de la gracia de Dios?

Los evangelios revelan la profundidad de nuestra necesidad de Dios. Nos muestran que no podemos hacer nada para llegar a Él. No podemos fabricar la salvación. No podemos programarla. No podemos producirla. Ni siquiera podemos iniciarla. Dios tiene que abrir nuestros ojos, hacernos libres, vencer nuestra maldad y aplacar su ira.

En el evangelio Dios viene a nosotros.

A LA LUZ DE ESTO, LAS EXIGENCIAS

RADICALES DE SEGUIR A JESÚS COMIENZAN

A ENFOCARSE MÁS CLARAMENTE, ¿NO ES ASÍ?

LA RESPUESTA AL EVANGELIO

¿Cómo respondemos a este evangelio? Los intentos contemporáneos de vender el cristianismo de pronto dejan de parecer adecuados. Pídale a Jesús que venga a su corazón. Haga una oración sencilla. Camine por el pasillo y reciba a Jesús como su Salvador personal. Nuestro intento de reducir este evangelio a una presentación compacta que persuada a alguien a decir u orar las cosas adecuadas, repitiendo tras nosotros, ya no nos parece apropiado.

Piense en Mateo 4 y la invitación de Jesús a seguirle. ¿Cómo respondieron los primeros discípulos?

Ahora lea el final del sermón de Pedro en Hechos 2.37-40. ¿Cómo instó Pedro a la multitud para que respondiera?

Pedro no le pidió a las personas en el Día de Pentecostés: "Inclinen la cabeza, cierren los ojos y repitan conmigo". Usted no va a encontrar en la Biblia un lugar donde se mencione siquiera la oración mágica del pecador. Tampoco va a encontrar un énfasis para recibir a Jesús. Hemos tomado al infinitamente glorioso Hijo de Dios, quien soportó la infinitamente terrible ira de Dios y ahora reina como el Señor infinito de todo, y lo hemos reducido a un pobre e insignificante Salvador que nos suplica que lo recibamos.

Eso no lo oímos en la voz de Pedro. Escuche el clamor de convicción que dice: "¡Arrepiéntanse! ¡Reconozcan que Jesús ha sufrido, que murió y resucitó de nuevo! ¡Huyan del mundo y corran a Él!" Esas palabras explotan con gran poder y urgencia. No es tanto una oferta sino más bien una orden.

Observe otra vez las palabras de Pedro. ¿Qué significa arrepentirse?

¿Por qué cree usted que Pedro hizo énfasis en el bautismo como la respuesta adecuada al evangelio?

Arrepentirse no quiere decir simplemente dejar de pecar, significa darse la vuelta. Dar la espalda pero también volverse hacia delante. ¡Volverse a Jesús! Dar la espalda a los placeres serviles del mundo. Dar la espalda al grato y falso atractivo del dinero y las posesiones. Dar la espalda a cualquier cosa que nos ate. Pero no se detenga ahí.

Volverse a Jesús. Volverse a la fuente de agua viva. Volverse al tipo de obediencia que produce verdadera libertad. Volverse a una vida que busca significado en lugar de frivolidad. Es el mismo llamado que el propio Jesús hizo una y otra vez.

El bautismo tiene la intención de simbolizar el tipo de muerte que se requiere de todos los cristianos. Salimos del agua como una persona nueva, una persona que a la vez está muerta en Cristo y viva por completo por primera vez. Es un medio público de identificarnos con Cristo.

De hecho, incluso hoy, en muchos países, el sencillo acto del bautismo no es parte de un culto rutinario de la iglesia sino un gran riesgo personal. La persona, mediante el bautismo, escoge de una vez y por todas llevar el nombre de Jesús. El bautismo, en un sentido real, es aceptar el verdadero costo de la fe.

Describa la manera en que usted respondió al evangelio por primera vez.

Luego de haber leído acerca del arrepentimiento y el bautismo, ¿está seguro de ser cristiano?

Entender los significados bíblicos de arrepentimiento y bautismo, ¿cómo cambiaría la manera en la que usted le describe a otra persona el evangelio?

El evangelio exige y nos capacita para volvernos de nuestro pecado, llevar nuestra cruz, morir a nosotros mismos y seguir a Jesús. Jesús no es alguien a quien tengamos que aceptar o invitar sino alguien que es infinitamente digno de nuestra entrega inmediata y total.

La salvación es por gracia. Absolutamente. Pero ese regalo de gracia implica el regalo de un nuevo corazón. Nuevos deseos. Nuevos anhelos. Por primera vez queremos a Dios. Vemos nuestra necesidad de Él y le amamos. Reconocemos que somos salvos no solo al ser perdonados de nuestros pecados o al tener la seguridad de nuestra eternidad en el cielo sino que somos salvos para conocer a Dios. Pasamos el resto de nuestras vidas buscándole.

Es por eso que hombres y mujeres alrededor del mundo arriesgan sus vidas para saber más de Dios. Es por eso que debemos evitar caricaturas baratas del cristianismo que no exaltan la revelación de Dios en su Palabra.

ES POR ESO QUE USTED Y YO NO PODEMOS CONFORMARNOS CON NADA MENOS QUE UN EVANGELIO QUE SE NIEGUE A SÍ MISMO, EXALTE A CRISTO Y ESTÉ CENTRADO EN DIOS.

SALVADO DE OBRAS
PARA OBRAR

Sería un grave error usar las verdades presentadas en este estudio para apoyar la creencia de que de algún modo usted puede ser lo suficientemente radical como para ganar el favor de Dios. No puede. Y lo bueno del evangelio es que no tiene que hacerlo. Dios le amó tanto que a pesar de su estado irremediable de pecado, envió a su Hijo, Dios encarnado, para vivir la vida que usted no podía vivir. Solo Jesús ha sido lo suficientemente radical para Dios.

El punto de partida de su vida radical es la muerte radical suya, morir a sí mismo y morir a cada intento de hacer suficientes cosas para Dios.

Lea Efesios 2.8-9. Según este pasaje, ¿por qué fue salvado por gracia mediante la fe?

¿Alguna vez siente la tentación de intentar justificarse delante de Dios? Si es así, ¿de qué manera?

¿Por qué un esfuerzo así deshonra a Jesús y ofende a Dios?

El evangelio le ha salvado de sus obras para agradar a Dios y ahora está libre de todo esfuerzo para vencer la culpa delante de Dios. Puede dejar de esforzarse y empezar a creer. Dios le ha declarado justo delante de Él, no basándose en algo que haya hecho sino basándose en todo lo que Jesús ha hecho solo por gracia y mediante la fe. En cierto sentido eso es todo. No hay nada más. Cuando Jesús dijo: "¡Consumado es!" (Juan 19.30), lo dijo en serio. Pero ser salvos por gracia mediante la fe tiene implicaciones profundas. El evangelio no solo le salva de sus obras. El evangelio le salva para obrar.

Lea Efesios 2.8-10 y complete la oración que aparece a continuación:

Usted es salvo por _____ por medio de la _____ y para _____ _____.

La obra de la vida cristiana es la parte del evangelio que a menudo se descuida, pero es crucial. Al igual que Pablo, en los versículos anteriores, Santiago habló sobre la fe "...en nuestro glorioso Señor Jesucristo..." (Santiago 2.1), pero poco después de eso dijo que la fe sin obras es muerta en sí misma (véase el v. 17). Y en la carta de Juan, donde se detallan las garantías que tenemos en la salvación mediante la fe en Cristo, el apóstol dijo que cualquiera que vea a su hermano en necesidad pero no sienta piedad de él no tiene dentro de sí el amor de Dios (véase 1 Juan 3.17). Los tres autores enfatizaron la necesidad de poner la fe en acción.

Sin embargo, para comprender la interacción entre la fe y las obras, debemos entender que la Biblia usa la palabra obra de dos maneras diferentes.

Lea Gálatas 5.6; 1 Tesalonicenses 1.3 y 2 Tesalonicenses 1.11. ¿Cuál es la diferencia entre las obras que se describen en estos versículos y las de Efesios 2.9?

Describa en pocas oraciones la perspectiva correcta acerca de las obras para Dios.

Las buenas obras en los tres primeros pasajes se refieren a las acciones que la fe alimenta y que traen gran gloria a Dios. Las Escrituras están llenas de ejemplos de fe que producen obras. La fe de Abraham en Dios le llevó a ofrecer a su hijo en sacrificio (véase Génesis 22). La fe de Rajab en Dios le llevó a arriesgar su vida por el pueblo de Dios (véase Josué 2; 6). Pablo dijo que trabajaba más duro que otros porque creía en la gracia de Dios (véase 1 Corintios 15.10).

Lea otro uso de la palabra obra en Filipenses 2.12-13. Según este versículo, ¿cuál es la relación entre la obra de usted y la obra de Dios en usted?

Cuando usted cree en Cristo para salvación, Él le da una nueva vida de obediencia feliz y de amor rebosante. Así que cuando escuche el llamado radical de Cristo para su vida, no piense: "En el evangelio soy libre para desobedecer sus mandamientos". Más bien piense: "En el evangelio soy libre para seguir sus mandamientos". Y la fe que Dios le ha dado mediante su gracia comienza a producir un fruto radical en usted y mediante usted.

Ocúpese de su salvación a medida que Dios produce "el hacer".

¿Qué motivan sus buenas obras, el deseo de ganarse el favor de Dios o la obra de fe que Dios ha hecho en usted? ¿Cómo sabe la diferencia?

La fe verdadera en Cristo produce de manera inevitable grandes obras para Cristo. Pero estas obras no se alimentan de la carne en un intento de ganarnos el favor de Dios. Se alimentan por la fe en una vida que se ha entregado a Dios. Y todo eso es por gracia. Cristo, la base de nuestra salvación, es un regalo que Dios no da por gracia. El medio de la salvación, la fe, también es un regalo que Dios nos da por su gracia. Y las obras, el fruto de la salvación, es en realidad un regalo de Dios.

EL QUE DA LA GRACIA ES QUIEN AL FINAL SE LLEVA LA GLORIA.

DÍA 5

DEMOSTRACIÓN DEL EVANGELIO

Tenemos una habilidad asombrosa para ser injustos con el verdadero efecto del evangelio. Es verdad que solo mediante el evangelio podemos ir al cielo. Pero el evangelio hace mucho más que cambiar nuestro destino, cambia la esencia de quiénes somos.

Al confiar en Cristo, Él cambia nuestros corazones, mentes y vidas. Él transforma la manera en que vemos, sentimos y actuamos. Comenzamos a ver las necesidades alarmantes del mundo a través de los ojos de un Salvador que entregó su vida por la salvación de las naciones. Vivimos por medio de sacrificios, no porque tengamos un sentido de culpa sino porque Dios nos ha amado en gran manera y ahora encontramos satisfacción en amar a otros de la manera en que Dios nos ha amado. Vivimos de forma radical no porque tengamos que hacerlo sino porque queremos hacerlo.

Vuelva a imaginar el impacto que habría si iglesias completas comenzaran a trabajar para Dios, no motivadas por la culpa sino por el evangelio. El impacto sería asombroso.

Lea Efesios 5.1. ¿Cómo dice este pasaje que el evangelio afecta nuestra manera de vivir?

Lea el mandamiento en Santiago 1.27. ¿Cómo se vincula este mandamiento con el evangelio?

Demostramos el evangelio cuando adoptamos niños, nos ocupamos de las viudas o amamos a nuestros vecinos desinteresadamente. Reflejamos de manera tangible lo que ya Dios ha hecho por nosotros en Cristo. En una iglesia que busca a Dios de manera radical la culpa nunca motivará que se cumpla con el llamado para amar y servir a otros sino que este llamado se manifestará a medida que las personas reflexionen cada día en todo lo que Dios ha hecho por ellas en Cristo.

¿Por qué es imperativo que actuar de manera radical esté vinculado a una firme comprensión del evangelio?

¿Qué sucedería si no fuera así?

No actuemos como si vivir el tipo de vida que Jesús describió en los evangelios fuera fácil. No lo es. Es difícil. No quiere decir que no esté lleno de gozo, pero requiere esfuerzo. Es una batalla constante contra el pecado y el yo. Así que, ¿de dónde surge la motivación para ese arduo esfuerzo?

El evangelio es la clave —y es la única motivación sostenible— para una vida de sacrificio.

Dios no nos ha dado el don de tenernos unos a otros para usar la culpa como una motivación para mejorar nuestro desempeño. Más bien lo ha hecho para que día tras día, una y otra vez, podamos recordarnos unos a otros lo que Dios ha hecho por nosotros en Cristo.

Si usted es maestro/a de la Escuela Dominical, líder de un grupo pequeño, padre, madre o miembro de una iglesia, lo mejor que puede hacer por su iglesia es recordarles el evangelio a las personas.

Mencione tres formas prácticas en las que pueda recordarles el evangelio a las personas de su iglesia.

1.

2.

3.

También debemos ser cuidadosos para no aceptar el convertirnos en el tipo de iglesia que constantemente defiende el evangelio pero rara vez lo demuestra. Tenemos que recordarnos el evangelio a nosotros mismos y luego aceptar las implicaciones del mismo. Como cuerpo de Cristo debemos estar dispuestos a mostrar una devoción que corresponda con nuestra doctrina.

¿Qué está haciendo su iglesia para mostrar el evangelio a las personas?

Cualquiera que sea nuestra función en nuestro cuerpo local, usted y yo nos engañamos si creemos que conocemos el verdadero evangelio y nuestras vidas carecen de amor por los perdidos o de compasión hacia los pobres. Sin embargo, juntos podemos pedirle a Dios que produzca entre nosotros el fruto del evangelio.

EN NUESTRAS IGLESIAS PODEMOS MOSTRAR UN EVANGELIO QUE NOS SALVA DE LAS OBRAS Y QUE NOS SALVA PARA OBRAR.

ENFOQUE RADICAL

Bienvenido de nuevo al debate para grupos pequeños de _Radical_.

Durante la sesión anterior del grupo usted identificó un paso radical que podía dar para obedecer uno de los cinco mandamientos de Jesús en Marcos 10.21: "Ve, vende, da, ven y sígueme". Si se siente cómodo haciéndolo, diga si pudo dar ese paso y cualquier cosa que haya experimentado como resultado de hacerlo.

¿Qué le resultó nuevo o interesante en la semana 2 del cuaderno de trabajo? ¿Tiene alguna pregunta?

David Platt escribió: "De lo que hemos sido salvados, por la gracia de Dios, es del mismo Dios". ¿Qué quiere decir eso? ¿Cómo reacciona usted ante esa idea?

En un mundo lleno de necesidades, ¿cómo deben decidir los cristianos qué buenas obras emprender?

Lea en voz alta Romanos 10.9-15:

"...si confesares con tu boca que Jesús es el Señor, y creyeres en tu corazón que Dios le levantó de los muertos, serás salvo. Porque con el corazón se cree para justicia, pero con la boca se confiesa para salvación. Pues la Escritura dice: Todo aquel que en él creyere, no será avergonzado. Porque no hay diferencia entre judío y griego, pues el mismo que es Señor de todos, es rico para con todos los que le invocan; porque todo aquel que invocare el nombre del Señor, será salvo. ¿Cómo, pues, invocarán a aquel en el cual no han creído? ¿Y cómo creerán en aquel de quien no han oído? ¿Y cómo oirán sin haber quién les predique? ¿Y cómo predicarán si no fueren enviados? Como está escrito: ¡Cuán hermosos son los pies de los que anuncian la paz, de los que anuncian buenas nuevas!"

Pasaje que sugerimos memorizar esta semana:

"El que da al pobre no tendrá pobreza; Mas el que aparta sus ojos tendrá muchas maldiciones". (Proverbios 28.27)

ENFOQUE
RADICAL

El evangelio es radical. Es asombroso que un Dios santo amara tanto a infames pecadores como para ser, como dijera Pablo, justo y justificador, al enviar a su Hijo como sacrificio expiatorio por nuestros pecados (véase Romanos 3.26).

El evangelio no es algo que simplemente comienza la vida cristiana sino algo que de manera continua se infiltra en cada faceta de nuestras vidas. La pregunta que tenemos que hacernos es si realmente lo creemos. Si decimos que sí, entonces la única opción que tenemos es un enfoque radical en la Palabra de Dios. No solo un enfoque intelectual sino un enfoque que se mida con nuestra obediencia. Esa es la verdadera prueba de la fe. Podemos decir tantas veces como queramos que creemos en la Biblia, pero la medida de nuestras palabras será nuestro compromiso. La Biblia debe ser la fuerza impulsora de nuestras vidas y nuestras iglesias.

DÍA 1
¿REALMENTE CREEMOS EN EL LIBRO?

Hágase hoy esta sencilla pregunta: ¿Realmente creo en la Biblia? Claro que sí, ¿verdad? Tal vez no.

Para muchos de nosotros nuestra creencia en la Biblia no es más que una aceptación intelectual. Aunque una comprensión intelectual de la Biblia es algo importante, realmente no puede llamarse creencia. Creer no se mide por el intelecto, se mide por la obediencia. Si se nos fuera a juzgar no por nuestras palabras sino por nuestro compromiso a hacer lo que dice la Biblia, nuestra respuesta a la pregunta del párrafo anterior pudiera ser diferente.

De acuerdo a sus acciones, ¿realmente cree en la Biblia? ¿Por qué sí o por qué no?

Considere las siguientes esferas de la vida. Escriba un par de verdades bíblicas acerca de cada una:

Dinero:

Los perdidos:

El pecado:

La iglesia:

Ahora piense si sus acciones están alineadas con las verdades que ha escrito. Según esta evaluación, ¿realmente cree en la Biblia?

Vivimos en una cultura que siempre está buscando algo nuevo. Constantemente vamos tras la nueva etapa de la vida, el próximo paso en nuestra carrera o el próximo avance de la tecnología. Estamos obsesionados con lo nuevo.

A Dios también le gusta lo nuevo. A fin de cuentas, Él hace todas las cosas nuevas en Cristo (véase Apocalipsis 21.5). Pero si queremos una revelación nueva de parte de Dios, vamos por el camino equivocado. Dios nos ha dado en su Palabra todo lo que necesitamos.

En nuestras vidas y en la iglesia nunca carecemos de la revelación de Dios. Siempre tenemos su mensaje con todo su poder, autoridad y claridad. No tenemos que esforzarnos para encontrar una palabra de parte de Dios, sencillamente tenemos que confiar en la Palabra que ya Él nos ha dado. Pero, ¿es eso suficiente?

¿Es suficiente la Palabra de Dios para la mayoría de los cristianos en la actualidad? ¿Por qué sí o por qué no?

¿Y para usted? ¿Está buscando algo más que lo que Dios ya le ha dado en su Palabra? ¿Por qué sí o por qué no?

¿Qué evidencia indicaría que su vida esté enfocada radicalmente en la Palabra de Dios?

Lea Mateo 4.1-11. Basado en este pasaje, ¿qué tres palabras usaría usted para describir la opinión de Jesús acerca de la Palabra de Dios?

1.

2.

3.

¿Ve lo que está sucediendo? Esta fue una batalla épica entre el Hijo de Dios y Satanás. ¿Y qué consideró Jesús como suficiente? ¿En qué se apoyó? ¿A qué se volvió? A la Palabra de Dios.

Esta tampoco fue la única ocasión. Lea los evangelios y verá la plenitud del compromiso de Jesús con la Palabra de Dios y su amor hacia esta. El Sermón del Monte está lleno de referencias al Antiguo Testamento. Jesús pensaba en Zacarías 9 mientras hacía su entrada triunfal en Jerusalén. Cuando expulsó del templo a los cambistas, citó a Isaías 56. Incluso en sus últimos momentos, mientras lo torturaban hasta la muerte en la cruz, citó el Salmo 22.

Pensar que pudiéramos necesitar algo diferente resultaría ser bastante arrogante. Si fue suficiente para Jesucristo, estoy seguro de que la Biblia también es suficiente para nosotros.

La Palabra de Dios es absolutamente suficiente para nosotros. Repito, la cuestión es nuestro compromiso con esta. ¿Realmente creemos en este Libro?

¿TENEMOS UN ENFOQUE RADICAL EN LA PALABRA DE DIOS?

SI ES ASÍ, NUESTRAS **VIDAS** LO MOSTRARÁN.

¿UN MAPA PARA LA VIDA?

La Biblia se ha descrito de muchas maneras. Se ha llamado un mapa, una guía y una carta de amor. Si vamos a tener un enfoque radical en la Palabra de Dios, será mejor que desde el principio seamos claros en cuanto al propósito principal de la Biblia.

¿De qué otras maneras ha escuchado que se describa la Biblia?

¿Hay algo de malo en estas descripciones? ¿Por qué sí o por qué no?

Si las descripciones anteriores son acertadas, entonces, ¿quién está en el centro de la revelación bíblica?

La pregunta final nos lleva al meollo del asunto. Si el verdadero objetivo de la Biblia es servir como un mapa para tomar decisiones, una guía para la vida o una carta de amor de parte de Dios, entonces el enfoque de la Biblia está… en usted. Es una herramienta que puede usar para aprender acerca de la vida de usted, sus metas y su rumbo.

Aunque es verdad que la Biblia hace todas estas cosas, verla sobre todo de este modo es mal interpretar la revelación de Dios.

Piense en la palabra *revelación*. Diga con sus propias palabras qué significa.

¿Qué significa decir que la Biblia es la revelación de Dios?

Revelación es diferente a *descubrimiento*. Descubrir algo pone el enfoque en usted y en lo que usted hizo. Es cuestión de su investigación y sus hallazgos. Pero revelación es algo dependiente. Imagine que alguien sabe algo que usted no sabe y usted depende por completo de esa persona para que se lo revele. Sin su intervención directa, usted nunca sabrá lo que ellos saben.

La Biblia es la revelación de Dios. Es una revelación porque sin ella no conoceríamos a Dios. Y ante todo trata de Dios, no de nosotros. Dios es el personaje principal de las Escrituras.

Aunque la Biblia nos habla de cosas muy prácticas de la vida, lo hace con el objetivo de que nosotros podamos conocer y obedecer a Dios cabalmente. Cuando vemos la Biblia sobre todo como una herramienta para ayudarnos en la vida, descuidamos el propósito verdadero de la vida como un todo. Además, nos ponemos a nosotros mismos en el centro del universo. La Biblia tiene una palabra para las personas así: idólatras.

¿Cómo describiría su enfoque de la Biblia?

¿Cómo el ver la Biblia como un mapa para la vida produce idolatría?

Ver que la Biblia trata sobre todo de Dios y no de usted, ¿cómo cambia la manera en que la lee?

Nuestro enfoque de las Escrituras dice mucho de nuestras prioridades. Si quiere saber lo que realmente usted atesora, examine muy en serio la manera en que lee la Biblia. Si la lee con la intención de obtener buenos consejos, tomar decisiones o encontrar su camino en el mundo, entonces es muy posible que esté adorando en el altar del yo. Si lee la Biblia como se espera que se lea —para poder conocer, entender y obedecer a Dios—, usted está empezando a ver el verdadero enfoque de las Escrituras: Dios.

Eso no significa que la Biblia no tenga cosas importantes que decir respecto a nosotros. Claro que lo hace. De hecho, la Biblia es muy veraz en cuanto a nosotros. Pero cuando empezamos a leerla pensando en Dios en lugar de pensar en nosotros mismos, comenzamos a ver la vida y el poder que hay en la Palabra de Dios.

Lea 2 Timoteo 3.16-17 y Hebreos 4.12-13. ¿Cuál frase, de las que se usan para describir las Escrituras, resalta para usted?

¿Qué significa decir que la Biblia es viva y activa?

La Biblia revela el carácter absolutamente perfecto de Dios. Al hacerlo, el Espíritu Santo comienza a mostrarle cuán por debajo está usted de su estándar perfecto. De esta manera la Biblia llega a la médula del asunto. Lo corta a uno, revelando los verdaderos motivos y la intención de sus acciones.

Pero este enfoque en el pecado y en uno mismo no es para una automejoría ni para tener una vida mejor. Tenemos que examinarlo todo a la luz de la revelación de Dios.

AL ALINEARNOS CON LA REVELACIÓN DE LAS ESCRITURAS, LO HACEMOS PARA BUSCAR CON GRAN CELO LA PRIORIDAD SUPREMA QUE LAS ESCRITURAS SOSTIENEN COMO CENTRO DEL UNIVERSO: **EL MISMO DIOS**.

LA PALABRA ES SUFICIENTE

Imaginemos una escena que es común en muchos lugares del mundo. Usted se está preparando para asistir al culto de adoración en un país donde el gobierno ha declarado que el cristianismo es ilegal. El creyente asiático que lo está guiando le da las siguientes instrucciones: "Póngase unos pantalones oscuros y un abrigo con gorro. Le vamos a llevar a un pueblecito. Manténgase el gorro puesto y mire hacia abajo".

Cuando llega al pueblo, bajo la protección de la noche, le llevan por un camino tortuoso a una habitación pequeña donde hay sesenta creyentes apretujados. Son de todas las edades, desde muy jóvenes hasta ancianos de setenta y tantos años. Están sentados en el suelo o en banquitos pequeños, hombro con hombro, apiñados con las Biblias sobre sus piernas. El techo es bajito y un bombillo cuelga del mismo, es la única fuente de iluminación.

No hay sistema de audio. Ni grupo musical. Ni entretenimiento. No hay asientos con cojines. Ni un edificio climatizado. Solo el pueblo de Dios y la Palabra de Dios. Pero por raro que parezca, eso es suficiente.

¿Qué pensaría usted si estuviera en esa situación?

¿Cómo compararía su manera de ver la Biblia con la de esos creyentes?

¿Cuáles son algunas cosas en nuestras vidas que pudieran entorpecer nuestro sentido de necesidad de la Palabra de Dios?

Este sería un cuadro raro para la mayoría de los que asisten a las iglesias en Norteamérica. ¿Qué pasaría si quitáramos la buena música y las sillas cómodas? ¿Y si no hubiera pantallas y el escenario ya no estuviera decorado? ¿Y si apagaran el aire acondicionado y quitaran otras comodidades? ¿Todavía sería suficiente la Palabra de Dios como para que su pueblo se reuniera?

Esta pregunta no es solo para pastores y líderes de iglesias. Es una pregunta de gran importancia para toda persona que proclame el nombre de Cristo. Si realmente queremos seguir a Jesús, la única respuesta a esa pregunta tiene que ser sí.

Lea Mateo 4.1-4. ¿Qué revela la respuesta de Jesús a Satanás en cuanto a la suficiencia de la Palabra de Dios?

Sienta el peso de las palabras de Jesús en estos versículos. Llevaba cuarenta días ayunando. No era el tipo de ayuno en el que uno se salta un par de comidas, aunque de todos modos cene; Jesús llevaba cuarenta días y noches sin comer. Estaba débil físicamente por el hambre, pero sus palabras revelan que espiritualmente estaba fuerte.

Tan vital era la Palabra de Dios para Jesús que la describió como pan. Comida. La base de la vida. Él necesitaba y anhelaba la Palabra más que el pan.

¿Cuándo fue la última vez que usted ayunó por algo? Describa su experiencia:

¿Qué beneficios espirituales obtuvo durante su tiempo de ayuno?

¿Cómo el ayuno puede ser un medio mediante el cual usted llegue a tener una mayor dependencia de la Palabra de Dios?

Una de las razones principales por las que para muchos de nosotros la Palabra de Dios no parece tan vital como debiera ser es porque nuestras comodidades nos han embotado. Tenemos al alcance de la mano todo lo que necesitamos o queremos. Si tenemos sed, vamos a un grifo. Si estamos aburridos, encendemos el televisor. Si estamos solos, vamos al teléfono o a la computadora. Sería de mucho valor que de una manera intencional nos priváramos de una o más de estas comodidades específicas para tener un mayor sentido de lo que realmente necesitamos.

Imagine qué pudiera ser diferente en su perspectiva si siguiera el ejemplo de Jesús y ayunara de algo que cree que necesita: comida, entretenimiento o sexo y lo reemplazara por tiempo en la Palabra de Dios. Ayunar de una cosa para tener un banquete de la otra. Su cuerpo pudiera estar débil pero su espíritu se fortalecería.

¿Qué es algo, que cree necesitar, que usted pudiera sacrificar para invertir más tiempo en la Palabra de Dios?

Para enfocarse de manera radical en la Palabra de Dios, pudiera ser necesario tomar medidas drásticas. Quizá tengamos que eliminar activamente algunas cosas de nuestras vidas para darle más prominencia a la Palabra. Al principio pudiera ser difícil, como alguien que viva de hamburguesas y de pronto comienza a comer vegetales. Pero a la larga empezamos a perderle el gusto a lo que carece de significado.

EN CAMBIO, NOS ATRAERÍA ALGO MÁS PROFUNDO.

LA PALABRA HACE LA OBRA

Al describir la Palabra de Dios, 2 Timoteo 3.16-17 nos recuerda que la Biblia es suficiente para que una persona de Dios sea completa, preparada para toda buena obra. La Biblia es suficiente para prepararnos para vivir las exigencias radicales del evangelio.

Lea Mateo 28.18-20. ¿Cómo ve la función de la Biblia en la Gran Comisión?

Lea 1 Timoteo 3.1-13. ¿Dónde ve usted la Biblia en la lista de requisitos para el liderazgo de la iglesia?

Para cumplir con la Gran Comisión, nuestra misión como el pueblo de Dios, tenemos que hacer discípulos. ¿Y cómo se hacen los discípulos? Se les enseña a amar y a vivir la Palabra de Dios.

Para Pablo, enseñar la Biblia era una cualidad esencial de cualquier líder de la iglesia. Los pastores o supervisores debían ser maestros capaces. Si usted compara los requisitos para los supervisores y los diáconos en 1 Timoteo 3, verá que la diferencia clave es la capacidad de enseñar.

En la iglesia nos vemos constantemente tentados a pensar que necesitamos otro programa, una iluminación llamativa o una persona atractiva para hacer discípulos. Sin embargo, ninguna de estas cosas se menciona en la Biblia como un requisito para el liderazgo de la iglesia. En cambio, Jesús les dijo a sus discípulos que para hacer discípulos teníamos que ser capaces de enseñarle a la gente a obedecer la Palabra de Dios.

Lea Juan 15.1-8. ¿Cómo se relaciona este pasaje con los dos pasajes de la actividad anterior?

Según Jesús, ¿cómo se glorifica a Dios?

¿Cómo se relaciona la Palabra de Dios con que Dios sea glorificado?

La secuencia es obvia. Tenemos que permanecer, que morar en Cristo. Ese permanecer implica el requisito del tiempo y el esfuerzo. Tenemos que involucrarnos con Cristo de manera intencional, pasar tiempo de continuo en su Palabra, aprender a apreciarlo y amarlo. Al hacerlo, produciremos fruto. De hecho, empezaremos a ser tan conformados a la imagen de Jesús que dejaremos de hacer oraciones egoístas y pecaminosas, obsesionadas con nuestra comodidad, y haremos el tipo de oraciones que Dios se complace en responder. Y Él responderá.

En medio de todo esto, Dios será glorificado. Comprender la importancia de morar en la Palabra de Dios da un poder increíble para cualquiera que desee estar enfocado de manera radical en buscar a Dios y su gloria en el mundo.

¿Por qué cree usted que la enseñanza de Jesús en Juan 15.1-8 hace posible que alguien le dé la gloria a Dios?

Al final, nuestra habilidad para hacer discípulos no depende de nuestra ingenuidad, creatividad o experiencia. Si queremos estar enfocados de manera radical en nuestra misión para hacer discípulos, necesitamos la sabiduría que solo proviene de las Escrituras.

Además, necesitamos del Espíritu que obra en las Escrituras para llevar a las personas a Jesús. Nuestra función no es cambiar la verdad bíblica, simplificarla ni hacer que sea más agradable. Nuestra función es conocer y amar la Biblia y luego vivir sus enseñanzas y mandamientos y enseñar a otros a hacer lo mismo.

Cuando usted empiece a creer eso, la vida cristiana se volverá mucho más sencilla de lo que la hacemos.

CUALQUIER PERSONA, Y POR CONSIGUIENTE CUALQUIER IGLESIA, QUE QUIERA SER DESATADA PARA LOS PROPÓSITOS DE DIOS EN EL MUNDO, TIENE QUE TENER SU ENFOQUE EN LA **PALABRA** DE DIOS, SIN EXCEPCIÓN.

DÍA 5

UNA IGLESIA ENFOCADA EN LA PALABRA

La única base sabia para un acto de obediencia radical es el mandamiento de Dios mismo, el Autor, Creador y Gobernador de nuestras vidas. Los cristianos serían tontos si hicieran sacrificios radicales o corrieran riesgos radicales solo porque alguien en la iglesia lo sugiriera.

Es por eso que depender de la Palabra de Dios es su diseño para todos nosotros, no solo para los líderes de la iglesia. Como miembros de iglesias tenemos que plantar nuestras vidas y su iglesia en la verdad de Dios y no en las ideas u opiniones de hombres y mujeres. Por ese motivo los miembros de las iglesias no deben desear ni pedir nada que esté por debajo de un banquete en la Palabra de Dios en la iglesia. Solo esto satisfará, fortalecerá y difundirá a la iglesia en el mundo.

Lea Hechos 6.1-7. ¿Considera usted que esta iglesia está centrada en la Palabra de Dios?

Si la Biblia es vital para la vida de la iglesia, ¿por qué cree usted que tantas iglesias no están centradas en la misma?

¿Diría usted que su iglesia está centrada en la Palabra de Dios? ¿Cómo lo sabe?

Al leer acerca de la iglesia de Jerusalén se hace evidente cuán importante era y todavía es la Palabra de Dios. La iglesia estaba involucrada en la distribución de alimentos a las viudas y había desigualdad en esa distribución. Se estaba dando prioridad a las viudas judías antes que a las nacidas en el mundo gentil y los líderes de la iglesia necesitaban hacer un cambio.

La verdadera sabiduría de su decisión fue que no solo vieron la importancia de ocuparse de los necesitados sino también dar mayor importancia a las Escrituras y a la oración. En una época en la que la iglesia está, por la gracia de Dios, volviendo a despertar a las grandes necesidades de los pobres a nuestro alrededor y en el mundo, tenemos que recordar que la Palabra de Dios debe ser fundamental en nuestro ministerio.

¿Cómo pudo esta iglesia de Hechos mantener la importancia de atender a las viudas sin disminuir el papel de la Palabra de Dios?

¿Cómo la decisión de la iglesia realmente pudo motivar que dieran más atención a los necesitados que había entre ellos?

Lo maravilloso de lo que sucede cuando una iglesia da prioridad a la Palabra es que inevitablemente da por resultado una redistribución de sus recursos. Observe lo que esta iglesia no hizo. No dijo: "Es evidente que las Escrituras son más importantes, así que vamos a dejar de hacer todo lo demás para realmente poder escudriñar la Biblia". En cambio, la iglesia dejó que la Palabra impulsara su ministerio. Valorar verdaderamente las Escrituras produce como resultado actos prácticos de obediencia radical.

El compromiso de esta iglesia con las Escrituras la obligó a dedicar recursos para atender a los que tenían necesidad. Su interés por la Biblia los llevó a interesarse por el mundo. Su compromiso con la Palabra de Dios los llevó al compromiso de obedecer la Palabra de Dios. Cuando desatamos el poder de la Palabra de Dios en la iglesia, este desata el potencial del pueblo de Dios en el mundo.

¿De qué tres maneras puede usted ayudar a su iglesia a desarrollar mayor dependencia en la Palabra de Dios?

1.

2.

3.

Si está en una iglesia cuyo amor y compromiso para con la Biblia están anémicos, esto va a tomar tiempo. Necesitamos que el Espíritu de Dios despierte nuestros sentidos espirituales. Es irónico, pero la manera en que esto sucede es al escoger, en fe, comprometerse por completo con la Palabra de Dios. Usted escoge creer que esta Palabra tiene más valor que el pan.

Cuando lo haga, descubrirá que la Palabra de Dios forma y cumple, motiva y moviliza, equipa y capacita, guía y dirige al pueblo de Dios en la iglesia para el plan de Dios en el mundo. ¿Se lo permitiremos?

Como líderes y personas que influyen en la iglesia, ¿dejaremos a un lado nuestra inteligencia, nuestras ideas y nuestros consejos para en cambio darle a la gente la Palabra de Dios? Como miembros de la iglesia, ¿pasaremos tiempo en la Palabra, dejando que cambie nuestros corazones y que impulse nuestro ministerio compasivo?

SI LO HACEMOS, LA IGLESIA SE DESATARÁ COMO LA FUERZA ENORME, QUE SE SUPONE QUE SEA, PARA LA GLORIA DE DIOS.

SEMANA 4
ESTRATEGIA
RADICAL

Bienvenido de nuevo al debate para grupos pequeños de *Radical*.

¿Qué le resultó nuevo o interesante en la semana 3 del cuaderno de trabajo? ¿Tiene alguna pregunta?

¿Durante qué etapa de su vida ha recibido mayor influencia de la Palabra de Dios?

¿Qué obstáculos han limitado regularmente el impacto de la Palabra de Dios en su vida?

¿Es razonable esperar que los cristianos entiendan, interpreten y apliquen la Biblia con éxito? ¿Por qué sí o por qué no?

Lea en voz alta 2 Corintios 1.3-7:

"Bendito sea el Dios y Padre de nuestro Señor Jesucristo, Padre de misericordias y Dios de toda consolación, el cual nos consuela en todas nuestras tribulaciones, para que podamos también nosotros consolar a los que están en cualquier tribulación, por medio de la consolación con que nosotros somos consolados por Dios. Porque de la manera que abundan en nosotros las aflicciones de Cristo, así abunda también por el mismo Cristo nuestra consolación. Pero si somos atribulados, es para vuestra consolación y salvación; o si somos consolados, es para vuestra consolación y salvación, la cual se opera en el sufrir las mismas aflicciones que nosotros también padecemos. Y nuestra esperanza respecto de vosotros es firme, pues sabemos que así como sois compañeros en las aflicciones, también lo sois en la consolación".

Pasaje que sugerimos memorizar esta semana:

"A cualquiera, pues, que me confiese delante de los hombres, yo también le confesaré delante de mi Padre que está en los cielos. Y a cualquiera que me niegue delante de los hombres, yo también le negaré delante de mi Padre que está en los cielos". (Mateo 10.32-33)

ESTRATEGIA
RADICAL

Un enfoque radical en las Escrituras dará como resultado que la iglesia cumpla con la misión que Dios le ha dado en la tierra. Entonces, ¿cuál es esa misión?

En la sencilla orden de Jesús de hacer discípulos (véase Mateo 28.18-20), Él invitó a cada uno de sus seguidores a dar a conocer la vida de Cristo mediante un esfuerzo sacrificado, intencional y global de difundir el evangelio.

El objetivo de la iglesia no es tanto reunir a un grupo de personas como enviar a la gente al mundo. Eso quiere decir usted. Y yo. Y todo aquel que se llame cristiano. La meta de la iglesia nunca será que una persona se capacite y se prepare para llevar tantas personas a Cristo como pueda. La meta siempre es que todo el pueblo de Dios esté capacitado y preparado para llevar tantas personas a Cristo como sea posible.

No solo adentro sino afuera.

DÍA 1
UNA VIDA QUE HACE DISCÍPULOS

Jesús se paró en la montaña, listo para ascender al cielo, y ordenó a sus discípulos que se pusieran en acción: "...Toda potestad me es dada en el cielo y en la tierra. Por tanto, id, y haced discípulos a todas las naciones, bautizándolos en el nombre del Padre, y del Hijo, y del Espíritu Santo; enseñándoles que guarden todas las cosas que os he mandado; y he aquí yo estoy con vosotros todos los días, hasta el fin del mundo. Amén". (Mateo 28.18-20)

Jesús nunca tuvo la intención de limitar su invitación a los comunicadores más eficientes, a los organizadores más brillantes ni a los líderes o artistas más talentosos. Es decir, aquellas personas supuestamente idóneas a quienes usted y yo nos veríamos tentados a exaltar en la iglesia. Esta afirmación es para todo el mundo. Todos hemos sido llamados a hacer discípulos.

¿Alguna vez se ha visto a sí mismo como un hacedor de discípulos? ¿Por qué sí o por qué no?

¿Por qué cree usted que tenemos la tendencia de asignar esta tarea sobre todo a aquellos que sirven en un rol vocacional en la iglesia?

Si los once discípulos que estaban allí parados tenían que enseñar a todas las naciones a guardar todo lo que Jesús les había ordenado a ellos, entonces eso tenía que incluir lo que Jesús les ordenaba ese día. Parte de hacer discípulos para aquel grupo inicial era decirles a otros que hicieran discípulos. Entonces esos discípulos debían decir a los nuevos discípulos que hicieran discípulos y así sucesivamente.

Es lamentable que al mirar el cristianismo de hoy, encontremos una clara división entre los laicos y los cristianos profesionales. ¿De dónde sacamos la idea de que algunas personas tienen la tarea específica de hacer discípulos mientras que otros no? De seguro que no fue de Jesús.

¿Qué excusas pudieran dar las personas para no involucrarse en hacer discípulos?

¿Son válidas? ¿Por qué sí o por qué no?

Uno se sorprende al pensar en las personas a quienes Jesús encargó esa misión. ¿Pescadores? ¿Cobradores de impuestos reformados? ¿Una prostituta? Dista mucho del grupo central con el que la mayoría de los fundadores de iglesias sueña hoy. Sin embargo, parece que esto no le preocupó a Jesús. Tal vez fuera porque estas personas "erróneas" estaban más listas para la misión de lo que suponían.

Durante su ministerio en la tierra Jesús pasó más tiempo con doce hombres que con todos los demás juntos. En Juan 17, donde Jesús describe su ministerio antes de ir a la cruz, no mencionó las multitudes a las que había predicado ni los milagros realizados. Por espectaculares que fueran esos hechos, no eran el centro de su enfoque. En cambio, Jesús se refirió cuarenta veces a los hombres en quienes había invertido su vida. Ellos eran su enfoque.

Examine la oración sacerdotal de Jesús en Juan 17. Enumere algunas maneras en las que Él oró por sus discípulos.

Si usted siguiera el ejemplo de Jesús para hacer discípulos, ¿cómo necesitaría comenzar a pasar su tiempo?

¿Qué tipos de cosas prácticas en su vida necesitaría volver a arreglar para poder hacer discípulos de una manera intencional?

Usted ha sido llamado a hacer discípulos. Y yo también. Pero tenemos que hacerlo de manera intencionada. Los discípulos no se hacen por accidente, pero el proceso pudiera ser mucho más sencillo de lo que usted cree. Considere otra vez el ejemplo de Jesús.

Jesús ordenó a sus discípulos que hicieran con otros lo que Él había hecho con ellos. Jesús no se sentó en un aula, Él compartió su vida. Él caminaba con ellos, hablaba con ellos y comía con ellos y en cada oportunidad les enseñaba acerca del Reino de Dios. Usted puede hacer lo mismo.

En lugar de ver sus actividades comunes como cosas simples que hay que hacer, siga el ejemplo de Jesús y comience a verlas como oportunidades para hacer discípulos. No vaya solo al mercado, lleve a alguien con usted y hablen sobre la mayordomía de los recursos. Y luego no compre comida solo para usted, compre un poquito menos para usted para que pueda comprar algo para otra persona.

Cuando alguien venga a cuidar a sus hijos, no les dé solamente un cheque y punto. Converse con la persona. Hablen de sus vidas y de su desarrollo espiritual. Comience a aprovechar oportunidades comunes para el acto extraordinario de hacer discípulos.

¿Cómo puede usted comenzar a hacer discípulos?

A mí, tanto como a usted, siempre me acosan las ocupaciones de la vida. Si no tengo cuidado, el hacer discípulos pasaría a un plano secundario.

SER **INTENCIONAL** ES VITAL EN UNA ESTRATEGIA RADICAL

PARA HACER DISCÍPULOS.

DÍA 2
UNA IGLESIA QUE SALE

Lo bueno del plan de Dios para alcanzar a las naciones con el evangelio es que no depende de programas, edificios o profesionales. Si difundir el evangelio dependiera de esas cosas, nunca llegaríamos a los confines de la tierra. Nunca tendríamos recursos, personal, edificios, programas ni actividades suficientes para alcanzar a todas las personas de nuestras comunidades, mucho menos a los pueblos del mundo.

Tristemente la mayoría de nosotros siente que estas cosas son necesarias para cumplir con la misión de Dios.

Lea 1 Corintios 3.16; 6.18-20. ¿Cómo describió Pablo a los cristianos en estos versículos?

¿Por qué es importante recordar esa identidad cuando usted piensa en cumplir con la misión de Dios?

Antes de que Cristo viniera, los judíos estaban acostumbrados a ver la presencia de Dios simbolizada en el templo, un edificio monumental. Pero con la muerte de Jesús en la cruz se abrió el camino pará que el pueblo de Dios morara en la presencia de Dios en cualquier lugar. No se necesitaba un edificio central. Por lo tanto, ya no necesitaban enfocarse en un edificio como el lugar de adoración.

Entonces, ¿cuál sería el lugar de adoración?

Adivinó: "Las personas". La realidad impresionante del cristianismo neotestamentario es que nosotros, como creyentes, somos el lugar de adoración. Parece claro que Dios escogiera dedicar su energía a construir esos lugares de adoración. ¿Por qué entonces estamos tan empecinados en gastar el grueso de nuestra energía en construir otra cosa?

¿Por qué cree usted que nos preocupa tanto construir templos grandes?

¿Cómo cambiaría la vida de su iglesia si de pronto no hubiera un edificio?

¿Qué revela su respuesta sobre las prioridades de la iglesia?

Sería bueno que consideráramos que muchos de nuestros hermanos cristianos en el mundo se reúnen al aire libre. Por lo menos consideremos no gastar tanto de nuestros recursos en construir lugares cuando sin dudas la prioridad del Nuevo Testamento está en edificar personas.

Claro, tener un lindo edificio tiene sus ventajas, pero cuando tenemos una ocupación enfermiza con los edificios y lo que sucede allí, descuidamos el hecho de que Jesús llamó a la iglesia no a estar dentro sino fuera.

¿Qué actitudes se interponen en el camino de la iglesia para que esté afuera, en el mundo?

¿Qué cosas tangibles se interponen en el camino?

Lea Hechos 1.8; 8.1. ¿Por qué la iglesia estaba esparcida en Hechos 8.1?

La fuerza de mirar hacia adentro es muy fuerte en la iglesia. Dentro del edificio casi todo el mundo piensa igual que nosotros. Hablan como nosotros. No hay muchas discusiones ni desacuerdos. Estamos libres de las influencias peligrosas del mundo. Dentro es seguro y cómodo.

La iglesia de Jerusalén también sintió eso. Aunque Jesús les dijo en Hechos 1 que fueran sus testigos por todo el mundo conocido, al comienzo de Hechos 8 andaban dando vueltas por Jerusalén. No fue hasta la muerte de Esteban y la ola de persecución que irrumpió cuando en realidad comenzaron a esparcirse.

Nuestra tendencia natural es mirar hacia dentro. Tenemos que escoger, a conciencia, enfocarnos en lo que está afuera. Es mucho más peligroso y antagónico afuera, pero afuera fue donde Cristo nos llamó a proclamar su evangelio.

LA PREGUNTA VERDADERA QUE TENEMOS QUE HACERNOS, COMO IGLESIA, ES SI ESTAMOS GASTANDO NUESTROS RECURSOS EN HACER QUE "EL ADENTRO" SEA MÁS CÓMODO O SI ESTAMOS EXHORTÁNDONOS UNOS A OTROS A ESTAR "AFUERA CONSTANTEMENTE".

COSAS MÁS GRANDES

Una multitud se congregó para observar la escena mientras los discípulos terrenales salían repentinamente del aposento alto. Nunca habían visto ni oído nada igual. Estaban escuchando el evangelio en sus propios idiomas, en boca de personas comunes e indoctas.

Luego de leer Hechos 2 uno se da cuenta que el derramamiento del Espíritu no fue una unción especial para unos cuantos escogidos sino una unción sobrenatural sobre cada persona en el pueblo de Dios.

Lea Joel 2.28-29. ¿Cómo se cumplió esta profecía en Hechos 2?

¿Cuán a menudo se ve usted a sí mismo como alguien que el Espíritu Santo ungió? ¿Por qué sí o por qué no?

Todos los hombres y mujeres que han puesto su fe en Cristo tienen al Espíritu viviendo dentro de ellos para que puedan ser testigos de Cristo hasta los confines de la tierra. Jesús señaló esta verdad cuando habló con sus discípulos acerca de la venida del Espíritu Santo.

Lea Juan 14.12. Diga con sus propias palabras, ¿qué dijo Jesús en este pasaje?

¿Qué cree usted que quiso decir Él con "obras mayores"?

¿Estaba Jesús diciendo que la unción del Espíritu Santo sería más fuerte en nosotros que lo que fue en Él? La unción del Espíritu en nosotros no es más fuerte en calidad de lo que lo fue en Jesús. A fin de cuentas, Él no tenía pecado y, por lo tanto, su relación con el Espíritu de Dios carecía de todo estorbo. Entonces, ¿cómo la unción del Espíritu en nuestras vidas nos permitiría hacer cosas mayores que las que Jesús pudo hacer?

Haremos cosas más grandes no por la calidad del Espíritu en creyentes escogidos que estén entre nosotros sino porque el Espíritu se difunde a través de todos nosotros en el cuerpo de Cristo. Esto es un cambio trascendental de la manera en que Dios había funcionado hasta ese momento en la historia.

Lea los siguientes pasajes. Anote junto a cada uno la obra del Espíritu:

Éxodo 31.2-4:

Números 11.25:

Jueces 3.10:

1 Reyes 18.12:

En estos pasajes del Antiguo Testamento, ¿en qué difiere esta imagen del Espíritu Santo a la que se muestra en Hechos 2?

En el Antiguo Testamento el Espíritu de Dios venía en un momento específico y a una persona en particular. A partir de Hechos 2, el Espíritu de Dios comenzó a descansar en cada discípulo de Jesús y debido a la plenitud del Espíritu en toda la comunidad de fe podemos ver cosas más grandes que las que cualquier hubiera visto en el ministerio de Jesús.

En este momento, mientras usted lee esta oración, hay hombres y mujeres alrededor del mundo que se están salvando de sus pecados mediante la proclamación del evangelio. Las personas se están liberando de sus adicciones y sanando de sus enfermedades. Hermanos y hermanas están fomentando el evangelio con poder en medio de grupos que todavía no se han alcanzado. Todo esto sucede gracias al Espíritu de Dios que se ha derramado en todo su pueblo alrededor del mundo.

¿Cómo su creencia en el Espíritu Santo que mora en los creyentes cambia la manera de ver a otros miembros de su iglesia?

¿Cómo cambia la manera en la que usted se ve a sí mismo?

Si los once discípulos que quedaron, en quienes moraba el Espíritu Santo, eran suficientes para llevar el evangelio a los confines de la tierra, una iglesia con un puñado de miembros puede difundir el evangelio en su comunidad y más allá.

ESAS SON LAS COSAS MÁS GRANDES QUE JESÚS DIJO QUE HARÍAMOS. Y ESAS COSAS MÁS GRANDES SON PARA CADA CRISTIANO.

LA NECESIDAD DE TODOS

Dios ha derramado su Espíritu Santo a todos los cristianos, entonces, es inconcebible mirar a su comunidad de fe y darle un valor inferior a cualquier persona a favor de otra. Si queremos completar la misión de Jesús, todos somos esenciales.

Lea Romanos 12.3-8, ¿qué motivos dio Pablo para no pensar que una parte del cuerpo de Cristo es más importante que las demás?

¿Alguna vez se ha visto tentado a darle más importancia a una parte de la iglesia que a otra? ¿Por qué cree usted que la tentación es tan grande?

Aparte de su lugar en la iglesia, recuerde que Dios no quiso que usted fuera marginado en su reino. Es posible que en ocasiones usted pueda sentir que no es la persona adecuada, que no tiene dones suficientes, que no es lo suficientemente inteligente o talentoso o que no está lo suficientemente calificado como para participar en un ministerio eficaz. Eso sencillamente no es cierto.

Si usted cree que no es lo suficientemente bueno como para ministrar, ¿será su autoestima la causa? Si no, ¿qué es?

¿Cómo el involucrarse en el reino pudiera ser una expresión de fe?

Tal vez a través de su vida le hayan dicho mentiras haciéndole creer que usted es una persona común o insignificante. Pero si lo cree, le insto a darle otro vistazo a la Biblia y creer lo que esta dice acerca de usted.

Lea 1 Corintios 12.12-27. ¿Cómo refuta este pasaje cualquier sentimiento de falta de significado que usted pudiera albergar?

Tiene la Palabra de Dios frente a usted, el Espíritu de Dios en usted y el mandato que Dios le da: "Hacer discípulos en todas las naciones". Así que ya sea que usted es un empresario, un abogado, médico, consultor, obrero de la construcción, maestro, estudiante, un profesional que anda de un lugar a otro o una mamá ocupada, le imploro que le pida a Dios que haga que su vida cuente donde usted esté para que el evangelio avance y se declare su gloria a los confines de la tierra.

Esto pudiera parecer una visión demasiado grande, pero no lo es. Si usted empieza a mirar a su alrededor, verá que tiene más oportunidades de lo que se imagina para impactar al mundo. Sin embargo, para basar su visión en hechos vale la pena que se haga algunas preguntas de fe que salen del Salmo 139.

Lea el Salmo 139.1-16. ¿Qué características de Dios enfatizan estos versículos?

Si realmente usted creyera estas cosas, ¿cómo afectarían la manera en que ve la situación actual de su vida?

¿Realmente cree que Dios dirigió sus pasos al apartamento o al vecindario donde vive actualmente? ¿Realmente cree que su constitución física se diseñó de manera intencional? ¿Cree realmente que no puede irse a ningún lugar fuera de la presencia de Dios porque Él vive dentro de usted mediante el Espíritu Santo? Si usted cree estas cosas, el lugar donde está sentando ahora mismo no es una causalidad.

Ni tampoco lo es donde usted compra la gasolina, ni la comida rápida ni las relaciones que tiene. Detrás de todo eso hay una intención divina. Considere dónde Dios le ha puesto, a quién ha puesto a su alrededor y cómo Dios lo quiere usar a usted para su gloria en el lugar donde vive y trabaja.

Identifique algunos aspectos específicos de su vida y carácter que crea que Dios diseñó para ministrar y testificar:

Si está soltero, ¿cómo puede sacar un provecho máximo a su soltería en el ministerio? Si está casado, ¿cómo puede servir junto con su cónyuge en la comunidad? Si tiene hijos, ¿cómo puede hacer de su casa un ministerio para los niños del vecindario? Si trabaja fuera de casa, ¿cómo puede hablar de Cristo en su centro de trabajo? Todas esas vías están abiertas para usted.

SI TODOS EN LA IGLESIA ABRAZAMOS LO QUE DIOS HA PUESTO

EN NOSOTROS Y DELANTE DE NOSOTROS, UNA OLEADA DE

GLORIA CENTRADA EN EL EVANGELIO COMENZARÁ A ABRUMAR

A NUESTRAS COMUNIDADES.

DIRIGIR LA ESTRATEGIA RADICAL

Hasta ahora hemos dicho que cada creyente es crucial en la misión de Dios y que cada creyente está capacitado para involucrarse en esa misión por el poder del Espíritu Santo. Otra pregunta que debiéramos hacernos en este momento, si queremos ser una iglesia desatada para la misión radical, está relacionada con el liderazgo de la iglesia.

¿Cree usted que debe haber un espacio en la iglesia para líderes remunerados? ¿Por qué sí o por qué no?

Lea los pasajes siguientes. Junto a cada uno resuma la manera en la que debiera tratarse a los líderes de la iglesia:

1 Corintios 9.8-18:

Gálatas 6.6:

1 Timoteo 5.17-18:

Cuando examinamos el Nuevo Testamento vemos claramente una autorización, incluso, un mandato de proveer financieramente para ciertos maestros y líderes de la iglesia. Pero, ¿cuál es su responsabilidad?

Esto es más que una cuestión para los pastores. Es una cuestión para cualquiera en el cuerpo de Cristo porque todos somos responsables del ministerio de la iglesia. No obstante, al responder la pregunta veremos que en muchos casos ambos líderes y seguidores han puesto una responsabilidad en los líderes que no les corresponde.

Lea Efesios 4.11-15. Según este pasaje, ¿cuál es la función de los líderes de la iglesia?

¿Establece este pasaje una expectativa diferente a la que tiene la mayoría de las personas para los líderes de la iglesia? ¿En qué forma?

¿Y usted? ¿Qué espera de los líderes de su iglesia?

¿Qué esperan de usted los líderes de su iglesia?

Según este pasaje, Dios no le ha dado líderes a la iglesia para hacer el trabajo de la Gran Comisión. Ya dejamos claro que la Gran Comisión es para todo creyente. La responsabilidad de los líderes más bien es capacitar al pueblo de Dios para el ministerio y prepararlos para hacer las obras de servicio en el nombre de Jesús.

Dios ha confiado a la iglesia mayordomos de la Palabra de Dios cuya función es capacitar al pueblo de Dios para que sean siervos de la Palabra de Dios. Comprender esto es la esencia de ser radical juntos y eso cambia toda nuestra visión de los líderes de la iglesia.

Escoja la opción que describa mejor las expectativas que usted tiene de los líderes.

Espero que mis líderes ■ ofrezcan servicios; ■ capaciten a las personas.

¿Cuál es la diferencia entre estas dos opciones?

Si usted cree Efesios 4, necesita asegurarse de que sus expectativas con respecto a los líderes de la iglesia correspondan con este pasaje. No debe esperarse que los líderes pasen su tiempo organizando programas a los que la gente pueda asistir; ellos deben pasar su tiempo organizando a la gente para el ministerio. Deben empujar a la gente hacia el mundo en lugar de pedirle que vengan a otra actividad.

Efesios 4 nos muestra que la preparación para la obra del ministerio es responsabilidad de los líderes de la iglesia. La obra del ministerio es responsabilidad de todos los demás.

¿Cómo puede usted animar a sus líderes para que hagan su trabajo de capacitar a la iglesia para el ministerio?

La diferencia entre los dos conceptos de liderazgo es tan sencilla como la diferencia entre la suma y la multiplicación. Si un líder ve su trabajo como hacer la obra del ministerio, se está produciendo una suma. Y la suma es una manera mucho más lenta de aumentar la influencia y el impacto que la multiplicación.

Si los miembros de la iglesia liberan a sus líderes para que sean capacitadores, comienzan a suceder cosas grandes. Los discípulos empiezan a hacer discípulos y estos discípulos, a su vez, harán otros discípulos. Con esa visión no es idealista soñar que la iglesia de Dios, desatada para su propósito, pudiera realmente llegar a los confines de la tierra con el evangelio.

NO ES PARA NADA IDEALISTA. JESÚS
DIJO QUE ESO SERÍA LO QUE PASARÍA.

SEMANA 5

DIVISIÓN
RADICAL

Bienvenido de nuevo al debate para grupos pequeños de *Radical*.

¿Qué le resultó nuevo o interesante en la semana 4 del cuaderno de trabajo? ¿Tiene alguna pregunta?

Describa qué es lo que más le gusta de su iglesia. ¿De qué maneras ha sido usted bendecido al participar en la vida de su iglesia?

David Platt escribió: "Tiene la Palabra de Dios frente a usted, el Espíritu de Dios en usted y también el mandato que Dios le da: "Hacer discípulos en todas las naciones". ¿Cómo reacciona usted ante esa declaración?

¿Qué talentos y recursos tiene usted que puedan usarse para hacer progresar el reino de Dios?

Lea en voz alta Isaías 61.1-3:

"El Espíritu de Jehová el Señor está sobre mí, porque me ungió Jehová; me ha enviado a predicar buenas nuevas a los abatidos, a vendar a los quebrantados de corazón, a publicar libertad a los cautivos, y a los presos apertura de la cárcel; a proclamar el año de la buena voluntad de Jehová, y el día de venganza del Dios nuestro; a consolar a todos los enlutados; a ordenar que a los afligidos de Sion se les dé gloria en lugar de ceniza, óleo de gozo en lugar de luto, manto de alegría en lugar del espíritu angustiado; y serán llamados árboles de justicia, plantío de Jehová, para gloria suya".

Pasaje que sugerimos memorizar esta semana:

"Porque ya conocéis la gracia de nuestro Señor Jesucristo, que por amor a vosotros se hizo pobre, siendo rico, para que vosotros con su pobreza fueseis enriquecidos". (2 Corintios 8.9)

VISIÓN
RADICAL

Cada año, en los Estados Unidos, gastamos más de $10 mil millones en edificios para iglesias. Solo en los Estados Unidos la cantidad de bienes raíces que poseen las iglesias institucionales asciende a más de $230 mil millones.

Cifras así debieran llevarnos a cuestionar nuestras prioridades, sobre todo cuando una gran parte del resto del mundo vive en la miseria. De hecho, si usted y yo tenemos agua potable, techos sobre nuestras cabezas, ropa que ponernos, comida y transporte, entonces constituimos el quince por ciento más rico de la población del mundo.

Somos ricos. El hecho de que usted esté haciendo este estudio es un testimonio de su riqueza. Nuestras riquezas tampoco son solo en términos financieros. Somos ricos espiritualmente con nuestra abundancia de iglesias, predicadores, transmisiones por Internet y literatura cristiana.

Con todos estos recursos a nuestra disposición, es hora de hacernos la tan importante pregunta de la visión. ¿Estamos comprometidos a acumular más o tendremos la visión de hacer lo que Jesús nos llamó a hacer?

DÍA 1
DE PRINCIPIO A FIN

Si usted le preguntara a un cristiano cuál es su misión, esperemos que responda algo similar a lo que dijo Jesús en Mateo 28.19-20: "Por tanto, id, y haced discípulos a todas las naciones, bautizándolos en el nombre del Padre, y del Hijo, y del Espíritu Santo; enseñándoles que guarden todas las cosas que os he mandado; y he aquí yo estoy con vosotros todos los días, hasta el fin del mundo. Amén".

Sin embargo, lo que muchos no entendemos es que esta es la Gran Comisión, no la "nueva comisión".

¿Cree usted que la Gran Comisión es una idea exclusiva del Nuevo Testamento? ¿Por qué sí o por qué no?

¿Puede usted pensar en algún pasaje del Antiguo Testamento que exprese un mandato similar?

El hecho de que a menudo no relacionemos la Gran Comisión con el Antiguo Testamento es de esperarse. Muchos de nosotros, ya sea que lo reconozcamos o no, funcionamos bajo la suposición de que en la Biblia hay básicamente dos Dioses.

Está el Dios del Antiguo Testamento que ordenó la guerra santa y se tragó a los desobedientes con fuego y terremotos. Y el Dios del Nuevo Testamento, un Dios de amor, misericordia y gracia. Tal dicotomía es más que simplemente una mala teología; es una teología que tiene efectos dañinos drásticos, ya sea que lo creamos de manera explícita o implícita.

\

¿Qué efectos secundarios pudiera haber en su vida espiritual si usted estableciera una diferencia entre el Dios del Antiguo Testamento y el Dios del Nuevo Testamento?

Dios es el mismo "...ayer, hoy, y por los siglos" (Hebreos 13.8). Los teólogos llaman a este atributo de Dios su inmutabilidad; Él no cambia. Si uno lo analiza, tiene sentido. ¿Por qué alguien cambia? Porque esa persona quiere ser mejor o diferente a lo que una vez fue. Si Dios alteró su actuar o su carácter en los cuatrocientos años entre Malaquías y Mateo, la implicación es que de algún modo Dios fue imperfecto en los años anteriores.

Además, si Dios cambió entonces, ¿quién puede decir que no cambiará otra vez? ¿Se da cuenta? Si pensamos que el Dios del Nuevo Testamento es diferente al del Antiguo Testamento, estamos atacando la perfección del Dios santo. Entonces quitamos todo sentido de seguridad que pudiéramos tener y que se produce al saber que Dios nunca comete errores, ni funciona ni actúa si no es de una manera absolutamente perfecta.

Pero si es verdad que el Dios del Antiguo Testamento es el mismo Dios del Nuevo Testamento, eso significa que cuando Jesús comisionó a sus primeros seguidores lo hizo como una extensión de lo que Dios ya había estado haciendo en los siglos anteriores. Uno de los lugares más claros donde vemos la obra de redención de Dios en el Antiguo Testamento está en Génesis 12 y es el llamado de Abram.

Lea Génesis 12.1-3 y enumere las maneras en que Dios prometió bendecir a Abram.

Examine detalladamente el versículo 3. ¿Con qué propósito estaba Dios bendiciendo a Abram?

¿Cómo se relaciona la Gran Comisión de Jesús con el propósito de Dios en estos versículos?

Abram fue el padre de la nación judía. Él fue el comienzo del pueblo especial de Dios, aquellos que Él apartaría para sí. Pero es crucial que en este pasaje veamos que Dios no bendijo a Abram ni a sus descendientes para beneficio de ellos. Él no los iba a inundar de bendiciones para que pudieran estar más cómodos. Los bendijo por amor a todas las naciones de la tierra:

> *"...serán benditas en ti todas*
> *las familias de la tierra".*
> *Génesis 12.3*

Cuando Dios bendijo a Abram estaba pensando en el resto del mundo. Allá en el Antiguo Testamento.

Lea cómo Pablo reflexionó en este pasaje en Gálatas 3.6-14. Según este pasaje, ¿quiénes son los hijos de Abraham?

¿Cuál es la bendición que se espera que los hijos de Abraham extiendan a otros?

Dios le prometió la tierra a Abraham. Le prometió protección. Pero más que nada, la mayor bendición que Dios le dio a Abraham fue la misma bendición que hoy le da a cada hijo de Abraham, Él mismo. Esa es la verdadera bendición.

Como hijos de Abraham hemos sido bendecidos con el conocimiento de Dios en Jesucristo. Jesús es el cumplimiento supremo de esta antigua promesa de bendición al pueblo de Dios; como también es el medio mediante los cuales Dios quiere bendecir a todas las naciones de la tierra. Jesús está en el corazón de Génesis 12.

Hoy tenemos el mismo encargo. No hemos recibido la bendición de nueva vida en Cristo para que podamos apreciar el ser bendecidos. Hemos sido bendecidos para que seamos una bendición a otros.

ESE ES EL MEOLLO DE LA GRAN COMISIÓN: LA MISIÓN DE HACER CUMPLIR EL DESEO DE DIOS DESDE EL COMIENZO, DE **BENDECIR** A LAS NACIONES DE LA TIERRA CON EL CONOCIMIENTO DE SÍ MISMO.

"YO NO ESTOY LLAMADO"

Me pregunto si a veces, de manera intencional y otras sin saberlo, hemos levantado líneas de defensa en contra del propósito global que Dios tiene para nuestras vidas. No es raro escuchar a los cristianos decir: "No todo el mundo ha sido llamado a las misiones internacionales", o de manera más específica: "A mí no me han llamado a las misiones internacionales". De acuerdo a esta mentalidad las misiones son un programa de la iglesia con su propio compartimento y algunos cristianos selectos sienten pasión por las misiones y son eficientes en las mismas. El resto de nosotros está de acuerdo en observar las presentaciones de vistas fijas acerca de las misiones cuando los misioneros regresan a casa, pero a la mayoría de nosotros Dios no nos ha llamado a ir a una misión.

¿Alguna vez usted ha dicho que no ha sido llamado a las misiones? ¿Cuándo? ¿Por qué?

¿De qué maneras justificamos nuestra falta de participación en la causa global de Dios?

Cuando leemos y creemos la Biblia, esto nos obliga a tener una visión radical para el mundo. No podemos relegar la causa global de Cristo a unos pocos escogidos y escondernos tras nuestras chequeras o tras un viaje misionero una vez en la vida. Por el contrario, tenemos que comenzar a preguntarnos, *¿cómo puedo llevar mi vida, mi familia y mi negocio para que sean una misión para la gloria de Dios alrededor del mundo?*

Si comenzamos a hacernos esa pregunta demostramos que ya no nos contentamos con mirar desde afuera mientras que una supuesta clase especial de cristianos cumple con la causa global de Dios. Demostramos que estamos convencidos de que Dios nos ha creado para dar a conocer su gloria a todas las naciones y comprometemos nuestras vidas para lograr ese propósito.

Lea Romanos 1.14-15. ¿Qué cree usted que quiso decir Pablo al llamarse a sí mismo deudor de las naciones?

¿Cómo esta afirmación se relaciona con la causa global del evangelismo?

Pablo dijo literalmente: "A griegos y a no griegos, a sabios y a no sabios soy deudor". El lenguaje es profundo. Pablo dijo que tenía una deuda para con cada persona perdida en la faz del planeta tierra. Ya que Cristo le hizo suyo, Pablo le debía al mundo a Cristo.

Cada persona de este lado del cielo le debe el evangelio a cada persona perdida de este lado del infierno. Le debemos al mundo la presentación de Cristo, a la persona más baja y a la más grande, al más rico y al más pobre, al mejor y al peor. Tenemos una deuda con las naciones. Sin embargo, en nuestro enfoque contemporáneo de las misiones sutilmente nos hemos quitado de encima el peso de un mundo perdido que se muere, nos retorcemos las manos con una preocupación piadosa y decimos: "Lo siento, pero yo no he sido llamado para eso".

Lea la cadena de ideas que Pablo plantea en Romanos 10.11-15 y complete los espacios en blanco.

Una persona invoca al que _____. Cree cuando ha _____. Escucha cuando alguien _____. Y alguien predica cuando es _____.

Esta cadena es la manera en la que las naciones llegan a participar de las bendiciones del conocimiento de Dios. Cada creyente en Jesucristo tiene el mandato de involucrarse en este proceso.

Si comenzamos al revés, desde el versículo 15, usted verá que el plan de Dios implica enviar a sus siervos. Así que ese es el primer paso en el plan de Dios: Dios envía a sus siervos. Entonces, siguiendo de atrás hacia delante, uno ve que esos siervos predican el evangelio. Cada siervo de Dios debe ir y proclamar el evangelio. Este es el plan de Dios. Él envía siervos y sus siervos predican.

Si regresamos un paso más hacia atrás, cuando sus siervos predican, la gente escucha. Cuando escuchan, creen. Este pasaje no está enseñando que cada persona que escuche el evangelio lo creerá, lo que nos enseña es que cuando nosotros predicamos y la gente escucha, algunos creerán. Y el libro de Apocalipsis promete que un día toda nación, tribu y lengua estarán representadas ante el trono de Cristo (véase 7.9). Esto significa que cada grupo escuchará el evangelio predicado y algunos de cada grupo confiarán en Cristo para salvación.

¿Le ofrece esta verdad confianza para ir a una misión? ¿Por qué sí o por qué no?

Los últimos dos pasos en el plan de Dios son evidentes. Cuando los que escuchan creen, invocan el nombre de Jesús. Al hacerlo son salvos. Es sencillo. Pero antes de terminar la lección de hoy, piense en una pregunta clave.

¿En qué punto tiene más probabilidades de interrumpirse este proceso?

Piénselo. No es en el llamamiento. No es al escuchar. No es en el hecho de que Dios envía. Existe una sola posible interrupción en este proceso: "Cuando los siervos de Dios no predican el evangelio a todas las personas".

NOSOTROS SOMOS EL PLAN DE DIOS. NO EXISTE UN PLAN B.

EL POBRE JUNTO A LA PUERTA

Somos bendecidos para ser una bendición. Dios nos ha mostrado las riquezas de su gracia en Cristo para que declaremos esas riquezas a los confines de la tierra.

No obstante, cualquiera que quiera proclamar la gloria de Cristo a los confines de la tierra debe considerar cómo declarar el evangelio de manera verbal pero también cómo mostrar visiblemente el evangelio en un mundo donde hay tantos hambrientos. Si vamos a tratar con las necesidades espirituales urgentes mediante el evangelio de Cristo o al edificar el cuerpo de Cristo alrededor del mundo, durante el proceso no podemos pasar por alto las necesidades extremas.

¿Por qué cree usted que Dios se interesa tanto en los pobres?

¿Puede recordar algún texto bíblico que hable específicamente sobre los pobres?

Lea Mateo 25.42-46. ¿Cuánto se identifica Dios con los pobres?

¿Por qué entonces cree usted que la mayoría de nosotros desatiende a los pobres constantemente?

En ningún lugar la Biblia enseña que atender a los pobres sea una manera de ganarse la salvación; la base de la salvación es solo la obra de Cristo. Pero eso no significa que nuestro uso de las riquezas esté completamente desconectado de nuestra salvación.

Lea Santiago 2.14-26. Según este pasaje, ¿cómo se relaciona nuestra atención a los pobres con nuestra salvación?

La fe en Cristo que nos salva de nuestros pecados implica una transformación interna que tiene implicaciones externas. Según Jesús, uno puede saber que alguien es seguidor de Cristo de acuerdo al fruto de su vida, y los escritores del Nuevo Testamento nos muestran que el fruto de la fe implica compasión por las necesidades materiales de los pobres.

Una historia que se narra en Lucas 16 revela cuán importante considera Dios el cuidado de los pobres.

Lea Lucas 16.19-31. ¿Cómo revela esta historia el cuidado de Dios para los pobres?

No pase por alto el hecho de que Jesús contó esta historia a un grupo de líderes religiosos a quienes les encantaba el dinero y justificaban su complacencia. Él les habló de un hombre rico que vivía con lujos mientras ignoraba a Lázaro, un pobre hombre que se sentaba junto a su puerta cubierto de llagas y rodeado de perros y que comía las sobras que caían de la mesa del hombre rico.

Cuando ambos hombres murieron, el rico fue al infierno mientras que el pobre fue al cielo.

El nombre Lázaro significa literalmente Dios es mi ayuda. Enfermo, lisiado y pobre, Lázaro recibió compasión de Dios. Por supuesto, Lázaro no fue al cielo porque fuera pobre como tampoco el rico fue al infierno porque tuviera dinero. Ambos estaban allí por su fe o la falta de esta.

El hombre rico demostró su falta de fe al regodearse en lujos mientras ignoraba al pobre que yacía junto a su puerta. Por lo tanto, la tierra era el cielo para él y la eternidad se convirtió en su infierno.

Cuando usted oye esta historia, ¿con quién se identifica más, con Lázaro o con el hombre rico?

Honestamente, ¿cuánta preocupación siente acerca de los pobres frente a su casa?

Los pobres existen, ya sea que usted lo haya reconocido o no. En la actualidad hay más de mil millones de personas en el mundo que viven y mueren en una pobreza extrema. Tratan de sobrevivir con menos de un dólar al día. Cerca de dos mil millones viven con menos de dos dólares al día. Eso es casi la mitad del mundo luchando por sobrevivir con la misma cantidad que nosotros gastamos en papas fritas.

Hoy, más de 26,000 niños respirarán por última vez al morir de hambre o de alguna enfermedad que pudiera evitarse. ¿Siente usted el peso de esas estadísticas? Dios sí. Y Él está llamando a la iglesia a dejar de vivir en lujos y descuidar a los pobres. Si usted cree en el evangelio y ha sido hecho nuevo en Cristo, tiene que responder.

DIOS LO EXIGE.

LA DIFICULTAD DE LAS RIQUEZAS

A pesar de las exigencias que contienen las Escrituras para que los cristianos demuestren el evangelio al ocuparse de los pobres, asusta pensar que muchos de nosotros le hemos vuelto la espalda a las realidades del mundo.

Tenemos una ignorancia deliberada no solo con respecto a los pobres sino también a su impotencia. Literalmente hay millones que mueren en oscuridad mientras nosotros disfrutamos nuestra riqueza y pretendemos que no existen.

Piense en las ocasiones durante un día cualquiera en las que usted tiene contacto con los pobres o con quienes están económicamente imposibilitados. ¿Cuáles son esos puntos de contacto? ¿Las noticias? ¿En las esquinas de las calles? ¿En los quioscos de venta de periódicos? Menciónelos debajo:

¿Es usted dado a obviarlos? ¿Por qué cree que sucede?

Tal y como Lázaro, los pobres e imposibilitados yacen a nuestras puertas. Y tienen hambre. Durante el tiempo en que nosotros nos reunimos para adorar un domingo en la mañana, casi mil niños mueren en otro lugar porque no tienen comida. De seguro que no obviaríamos a nuestros hijos mientras cantamos canciones y nos entretenemos, pero estamos conformes con obviar a los hijos de otros padres. Muchos son nuestros hermanos y hermanas espirituales de los países en vías de desarrollo. Sufren de malnutrición, cuerpos y cerebros deformados y enfermedades que pudieran prevenirse. Cuando más, les damos nuestras sobras mientras que aquí nos regodeamos en nuestros placeres.

No es esto lo que se espera que haga el pueblo de Dios.

Lea 1 Juan 3.16-18. ¿Qué responsabilidad tiene el pueblo de Dios según este pasaje?

Aunque los pasajes como estos son claros, ¿por qué cree usted que parecemos ser ciegos ante los pobres?

Cuando estudiamos la verdad de la Palabra de Dios y vemos la necesidad en el mundo que nos rodea, el pueblo de Dios debiera responder con la compasión de Cristo. Pero las riquezas del pueblo de Dios han sido peligrosas desde el principio.

Lea Marcos 10.23-24. ¿Cómo reaccionaron los discípulos cuando Jesús le dio la orden al joven rico?

¿Por qué cree usted que estaban tan sorprendidos?

En esa cultura la bendición de Dios se igualaba a las posesiones materiales. Esa fue una manera en la que Dios bendijo a Abraham, David y Salomón. Fue mediante la bendición material que el pueblo de Dios construyó el primer templo hermoso en Jerusalén. Pero con la venida de Jesús se inició una nueva etapa en la historia redentora. Ningún maestro del Nuevo Testamento prometió jamás riquezas materiales como recompensa por ser obediente.

En el Nuevo Testamento el pueblo era el templo donde moraba el Espíritu de Dios, no se suponía que construyeran un lugar majestuoso de adoración. En cambio, los seguidores de Jesús debían dedicar sus recursos a edificar a las personas, no un lugar.

Lea 1 Timoteo 6.6-9. ¿Por qué dijo Pablo que las posesiones pueden ser peligrosas?

Según estos versículos, ¿cuál es el estilo de vida alternativo?

¿Cómo se relaciona esta enseñanza con las declaraciones de Jesús acerca de la riqueza en Marcos 10?

La mayoría de nosotros en nuestra cultura y en la iglesia norteamericana sencillamente no creemos a Jesús ni a Pablo en cuanto a esto. No creemos que nuestra riqueza sea una barrera para entrar al Reino de Dios. Aceptamos el ver la riqueza, la comodidad y las posesiones materiales como bendiciones pero no como barreras. Pensamos como piensa el mundo: "La riqueza siempre es una ventaja". Pero Jesús dijo justo lo contrario: "La riqueza puede ser un obstáculo peligroso".

¿Cómo puede la riqueza ser un obstáculo para que nos involucremos hoy en la misión de Dios?

En el contexto del pasaje anterior de Pablo, el contentamiento se describe como tener comida y ropa, es decir, las necesidades de la vida. Entonces, el versículo 9 nos advierte que aquellos que desean ser ricos y adquirir más que las necesidades de la vida corren el peligro de caer en la ruina y la destrucción.

¿Ve usted una vez más cuán amoroso fue realmente el mandamiento de Jesús para el joven rico? Él no estaba tratando de robarle, estaba tratando de protegerle de los peligros de la riqueza. Pero como hijos que rechazan las instrucciones de los padres en cuanto a comer vegetales porque solo queremos comer caramelos, le protestamos a Jesús.

Una visión radical para el mundo requiere una visión radical correspondiente en cuanto a nuestras posesiones. Si queremos ese tipo de visión, necesitamos preguntarnos si estamos dispuestos a estar contentos con la ropa y la comida, con tener las necesidades básicas de la vida o será que…

¿QUEREMOS MÁS?

TERMINE LA MISIÓN

¿Cuánto es suficiente para la iglesia?

Esta pregunta es importante si queremos estar comprometidos de manera radical con terminar la obra que Jesús nos dejó. No estoy suponiendo que usted y yo solos podamos dar lo suficiente como para aliviar la pobreza, como tampoco sería posible que usted y yo solos pudiéramos hablar a todas las naciones acerca del evangelio de Jesucristo. Podemos impactar a algunas, incluso de forma pequeña, incluso si algunos están fuera de nuestro alcance. Está claro que Dios no nos manda ni espera que satisfagamos cada necesidad. Pero la lógica que dice "yo no puedo hacerlo todo, así que no haré nada" viene directo del infierno.

Lea Lucas 21.1-4. ¿Qué principio acerca de dar enfatizó Jesús?

¿En qué difiere eso de la manera en que la mayoría de nosotros da de sí mismos?

Aquí el cuadro es dar de manera sacrificada. Eso difiere mucho de la manera en que por lo general funcionamos. Pero, ¿qué si comenzáramos a dar no solo lo que podemos sino más allá de lo que podamos? ¿Qué si lo hiciéramos no solo con nuestras posesiones materiales sino también con nuestra influencia? ¿Con nuestro tiempo? ¿Con nuestro compromiso?

¿Qué tal si viéramos la misión de Jesús en el mundo así de importante?

Este es el llamado de la iglesia, no solo debido a las necesidades físicas y espirituales críticas que nos rodean sino porque dar de esta manera es en realidad lo que el corazón de Cristo pide y desea.

Lea 1 Timoteo 6.6-18. ¿Cómo se relaciona este pasaje con la viuda de Lucas 21?

¿Cómo el dar así nos libera de la mortífera naturaleza de las riquezas y las posesiones?

Dar así es la verdadera libertad. Es el tipo de libertad que solo pueden experimentar aquellos que buscan seguir los mandamientos de Jesús de manera radical. Es el tipo de libertad que está arraigada en la fe porque al principio nadie se siente bien con vender sus posesiones por amor a Cristo. Pero usted lo hace de todos modos no porque se sienta bien sino porque sus acciones están firmemente arraigadas en la creencia de que Jesús realmente sabe de qué está hablando.

Lo que usted descubre es que Jesús nunca estuvo tratando de quitarle el gozo y el placer, Él lo estaba llevando a estos.

Terminar con la misión de Cristo implicará este tipo de sacrificio. De hecho, terminar esa misión, al menos para la iglesia norteamericana, es una guerra. Es una batalla constante resistir la tentación de tener más lujos, comprar más cosas o vivir con más comodidad. Se necesita una determinación fuerte y estable para vivir el evangelio en medio del "sueño americano" que identifica los éxitos como avanzar en lo profesional, tener una casa más grande, comprar un auto mejor, comprar ropas costosas, comer en restaurantes de lujo y tener más cosas.

Mencione tres formas prácticas en las que usted se involucrará en esta guerra:

1.

2.

3.

Tal vez tenga que mudarse a una casa más pequeña. Tal vez necesite empezar el proceso de adopción. Tal vez deba establecer un presupuesto que le libere para dar más a las misiones extranjeras. Quizá deba empacar y mudarse. La idea es que en tiempo de guerra todo el mundo hace sacrificios. Si queremos terminar la tarea, es necesario hacernos estas preguntas.

Lea Mateo 24.14. ¿De qué depende el regreso de Cristo?

¿Qué revela nuestro amor hacia las posesiones materiales en cuanto a la seriedad con la que tomamos este pasaje?

No hay tiempo que perder. La iglesia ya ha perdido mucho tiempo. Nos sentamos a preguntarnos cuál es la voluntad de Dios para nuestras vidas cuando la Biblia ya lo ha establecido claramente. La pregunta no es: ¿Podemos encontrar la voluntad de Dios? La pregunta es: ¿Obedeceremos la voluntad de Dios?

¿Nos negaremos a sentarnos cómodamente y esperar que algún diminuto sentimiento nos invada antes de levantarnos para hacer lo que ya Dios nos mandó a hacer? ¿Lo arriesgaremos todo: Nuestra comodidad, posesiones, seguridad, nuestras propias vidas, para dar a conocer el evangelio a las naciones?

¿REAJUSTAREMOS LAS **PRIORIDADES** EN LA IGLESIA CON ESE

FIN EN LUGAR DE ACOMODARNOS MÁS TODAVÍA?

DIOS RADICAL

Bienvenido de nuevo al debate para grupos pequeños de *Radical*.

¿Qué le resultó nuevo o interesante en la semana 5 del cuaderno de trabajo? ¿Tiene alguna pregunta?

David Platt escribió: "Cada persona de este lado del cielo le debe el evangelio a cada persona perdida de este lado del infierno". ¿Cómo reacciona usted ante esa afirmación? ¿Qué significa para su vida cotidiana en sentido práctico?

¿La culpa es una emoción positiva o negativa? ¿Por qué?

Durante el curso de este estudio, ¿han cambiado sus actitudes y acciones para con los pobres? Si es así, ¿cómo?

Lea en voz alta Juan 15.9-17:

"Como el Padre me ha amado, así también yo os he amado; permaneced en mi amor. Si guardareis mis mandamientos, permaneceréis en mi amor; así como yo he guardado los mandamientos de mi Padre, y permanezco en su amor. Estas cosas os he hablado, para que mi gozo esté en vosotros, y vuestro gozo sea cumplido. Este es mi mandamiento: Que os améis unos a otros, como yo os he amado. Nadie tiene mayor amor que éste, que uno ponga su vida por sus amigos. Vosotros sois mis amigos, si hacéis lo que yo os mando. Ya no os llamaré siervos, porque el siervo no sabe lo que hace su señor; pero os he llamado amigos, porque todas las cosas que oí de mi Padre, os las he dado a conocer. No me elegisteis vosotros a mí, sino que yo os elegí a vosotros, y os he puesto para que vayáis y llevéis fruto, y vuestro fruto permanezca; para que todo lo que pidiereis al Padre en mi nombre, él os lo dé. Esto os mando: Que os améis unos a otros".

Pasaje que sugerimos memorizar esta semana:

"Yo soy la vid, vosotros los pámpanos; el que permanece en mí, y yo en él, éste lleva mucho fruto; porque separados de mí nada podéis hacer". (Juan 15.5)

DIOS
RADICAL

A estas alturas, por la gracia de Dios, usted está comenzando a sentirse atraído hacia algo más grande y mayor. Ha visto las exigencias radicales de Jesús para usted y su iglesia, y se da cuenta de que la mayoría de nosotros necesita rediseñar las prioridades y volver a poner en orden nuestras vidas.

Esto no es porque usted haya participado de este estudio. Es porque un Dios abrumador lo está sujetando. Usted comprende que pertenece a un Dios que desea, merece y exige una devoción absoluta en su vida y su iglesia, y ahora no quiere darle menos que eso. Él es digno de todo: su vida, presupuesto, aspiraciones, programas de la iglesia, relaciones, posesiones, profesión y confianza.

Como cristianos unidos unos a otros en la iglesia, somos seguidores abnegados de un Dios que está centrado en sí mismo.

DÍA 1
SEGUIDORES ABNEGADOS DE UN DIOS CENTRADO EN SÍ MISMO

Somos seguidores abnegados de un Dios centrado en sí mismo.

Reflexione en esa afirmación. ¿Le perturba? ¿Por qué sí o por qué no?

¿En qué sentido somos abnegados?

¿En qué sentido está Dios centrado en sí mismo?

La vida cristiana se trata de morir a uno mismo. Se trata de renunciar al derecho de determinar el curso de nuestras vidas. Nuestro Dios es nuestro Señor, nuestro Amo y nuestro Rey. Él tiene nuestras vidas en sus manos y tiene la libertad de usarlas como le parezca.

Hace varios años muchas iglesias debatieron si una persona podía conocer a Jesús como Salvador sin conocerlo como Señor. Esto, en esencia, es realmente una cuestión de autoridad. ¿Podría alguien confiar en Cristo para la salvación eterna y al mismo tiempo no reconocer su autoridad en sus vidas mediante una obediencia absoluta?

A menudo, durante su ministerio terrenal, se le hizo a Jesús esta pregunta acerca de la autoridad.

Lea Lucas 20.1-8. ¿Por qué cree usted que a estas personas les preocupaba la autoridad de Jesús?

¿Por qué cree usted que Jesús no respondió a las preguntas de los líderes religiosos?

Jesús caminaba, hablaba, enseñaba y sanaba con poder y autoridad. Él no necesitaba apelar a nadie más para justificar sus enseñanzas, Él era la autoridad. Sin embargo, en este pasaje a los líderes religiosos les resultaba amenazadora esa autoridad. Si la autoridad de Jesús venía del cielo, ellos sabían que estaban obligados a obedecer.

La autoridad es así. Si uno reconoce que alguien tiene autoridad, entonces, de pronto esta persona tiene derecho sobre su vida. Jesús también lo sabía y es por eso que no respondió a las preguntas de los líderes religiosos de una manera categórica. Jesús sabía que al desafiar su autoridad, ellos tenían segundas intenciones, pero a Él no le interesan las preguntas teóricas ni los juegos psicológicos. Él está buscando seguidores.

¿Existen esferas en su vida que usted no ha rendido a la autoridad de Jesús?

Reconocer la autoridad de Cristo es someterse a la autoridad de Cristo. Para decirlo en los términos de la discusión acerca de Jesús como Salvador y Señor, no hay diferencia. No hay otro Jesús sino el Señor Jesús. Seguir a Jesús es seguirlo por completo. Eso es lo que significa ser abnegado.

Pero, ¿decir que Dios es egoísta? Puede que nos ericemos ante una sugerencia así. Pero una y otra vez la Biblia nos enseña que Dios actúa basado en sus propios intereses.

Lea Génesis 1.27-28. ¿Cómo el mandato de Dios de llenar la tierra se relaciona con la búsqueda de su propia gloria?

Dios le dio su imagen a su pueblo por una razón: "Para que pudieran multiplicar su imagen por todo el mundo. Él creó seres humanos no solo para que disfrutaran su gracia en una relación con Él sino para extender su gloria a los confines de la tierra".

Lea los siguientes pasajes. Escriba junto a cada referencia el motivo de las acciones de Dios:

Éxodo 14.4:

Salmos 23.3:

Isaías 43.1-13:

Daniel 3.28-29:

Apocalipsis 7.9-10:

Al comienzo de la historia terrenal el propósito de Dios era bendecir a su pueblo para que todos los pueblos lo glorificaran por su salvación. El propósito de Dios se cumplirá al final de la historia. Las personas de cada nación, tribu, pueblo y lengua se inclinarán ante su trono y cantarán alabanzas al que los ha bendecido con salvación. Este es el propósito final, supremo, glorioso, garantizado y abrumador de Dios en las Escrituras.

Dios está buscando su propia gloria en todo el mundo. Ese es el gran por qué de Dios.

SI QUEREMOS SEGUIR AL DIOS RADICAL, ENTONCES DEBEMOS TENER EL MISMO DESEO CENTRAL EN NUESTROS CORAZONES.

JESÚS NO MURIÓ SOLO POR USTED

Vivimos en una cultura de iglesia que tiene la tendencia peligrosa de desconectar la gracia de Dios de la gloria de Dios. Nuestros corazones se identifican con la idea de disfrutar la gracia de Dios. Nos regodeamos con sermones, conferencias, música y libros que exaltan una gracia centrada en nosotros. Y aunque la maravilla de la gracia merita nuestra atención, si la gracia se separa de su propósito, el triste resultado que obtendremos es un cristianismo egocéntrico que se desvía del corazón de Dios.

¿Alguna vez ha pensado usted que la gracia pudiera tener un propósito superior a usted?

Piense en su estudio de ayer. ¿Cuál pudiera ser ese propósito superior?

Si usted le pidiera al cristiano promedio que asiste a un culto de adoración el domingo por la mañana que resumiera el mensaje del cristianismo, lo más probable es que escuche algo como esto: "El mensaje del cristianismo es que Dios me ama".

Por maravilloso que esto parezca, ¿es bíblico?

¿Cómo resumiría usted el mensaje del cristianismo?

Si el mensaje del cristianismo es "Dios me ama", ¿quién es el objetivo del cristianismo? Soy yo.

Por lo tanto, cuando busco una iglesia, busco la música que mejor me encaje y los programas que mejor se adapten a mi familia y a mí. Cuando hago planes para mi vida y mi carrera, es cuestión de lo que mejor resulte para mí. Aunque esta versión del cristianismo prevalece ampliamente en nuestra cultura, no es bíblica.

El mensaje bíblico del cristianismo no es "Dios me ama" sino "Dios me ama para que pueda darlo a conocer a todas las naciones". La Biblia muestra que Dios es el objetivo de nuestra fe y el cristianismo se centra en Él. Nosotros no somos el propósito del evangelio, el propósito es Dios.

Dios se enfoca en sí mismo, incluso en nuestra salvación. Él nos salva no por nosotros mismos sino por causa de su santo nombre (véase Ezequiel 36.22). Dios nos ama por causa de Él mismo en el mundo.

¿Le resulta chocante? ¿Por qué sí o por qué no?

¿Quiere esto decir que Dios no nos ama profundamente?

El hecho de que Dios sea celoso de su gloria no significa que no sienta pasión por su pueblo. Sin embargo, sí significa que a la postre su pasión no está centrada en su pueblo. Está centrada en su grandeza, su bondad y para que se dé a conocer su gloria en todo el mundo, a todos los pueblos.

Una de las expresiones más claras de esta verdad está en la descripción que hace Pablo acerca de la salvación en Romanos 3.

Lea Romanos 3.23-26. ¿Está usted familiarizado con este pasaje? ¿Con alguna parte más que con otras?

Examine el pasaje detenidamente. ¿Por qué Dios ofreció a Jesús como sacrificio expiatorio por nuestros pecados?

¿Dónde ve usted el compromiso de Dios para con su gloria en este pasaje?

Estos versículos nos ofrecen una visión apropiada de la cruz que se centra en Dios. También se oponen a muchos de nuestros dichos trillados en cuanto a nuestras reflexiones acerca de la muerte de Jesús. No podemos decir que necesariamente Jesús estuviera pensando en nosotros el día en que murió, pero sabemos sin duda alguna que sí estaba pensando en Dios.

Jesús murió por Dios, porque Dios es perfectamente justo y el pecado es una rebelión atroz en contra de su carácter perfecto, en su justicia Él debe impartir un castigo proporcional al pecado. De no hacerlo, habría transigido en su carácter perfecto. Así que la opción de Dios era castigar de forma justa a toda la humanidad o castigar a Jesús. En su sabiduría y gracia Él escogió esto último.

Jesús lo sabía. Lo aceptó. Se ofreció de buena gana para ser aplastado bajo el peso del pecado. El resultado es que Dios es gloriosamente justo y al mismo tiempo justificador glorioso de aquellos que ponen la fe en su Hijo.

La Biblia deja claro que el deseo de Dios para su propia gloria impregna su actuar. Y, admirablemente, nosotros somos parte de eso. Nos suena radical, pero seguir a Jesús es comprometernos con la misión de Dios.

ESA MISIÓN ESTÁ CENTRADA EN ÉL MISMO.

UNA NUEVA VISIÓN

La única visión posible para la iglesia de Jesucristo es dar a conocer la gloria de Dios a todas las naciones. Esto debe motivar a nuestras iglesias porque esto es lo que motiva a Dios. Mucho más que querer cosas para la iglesia, multitudes en la iglesia o actividades en la iglesia, queremos conocer, amar, honrar y alabar a Dios. Y queremos que todos hagan lo mismo. Queremos ver que la gente en todas partes glorifique a Dios porque Dios quiere ver que la gente en todas partes lo glorifique a Él.

Si usted tuviera que resumir la visión de su iglesia local en una oración, ¿cuál sería?

¿Cuán coherente es esa visión con la búsqueda que Dios hace para glorificarse?

¿Qué tendría que cambiar en su iglesia si comenzara a alinear su propósito con el propósito de Dios?

¿Qué sucede cuando nuestra visión en la iglesia cambia? ¿Qué sucede cuando nuestro objetivo principal no es hacer que las multitudes se sientan cómodas sino exaltar a Dios en toda su gloria? De pronto comenzarían a cambiar nuestras prioridades. Más que querer impresionar a la gente con las cosas que elaboramos, queremos que se sientan asombradas ante un Dios que no pueden comprender. Más que querer deslumbrarlas con nuestra producción, queremos llevarlas a alabarlo a Él. Y lo menos que queremos hacer es formar personas que tomen a la ligera la adoración a Dios mientras se reclinan para disfrutar una taza de café.

Por el contrario, queremos formar personas que estén tan sobrecogidas, tan cautivadas, tan fascinadas ante la gloria de Dios que con gusto dejen a un lado su taza de café y entreguen sus vidas para dar a conocer su grandeza al mundo.

Piense en su iglesia en un sentido práctico, especialmente en los aspectos siguientes. Junto a cada uno enumere una manera en la que una visión semejante pudiera afectarla:

Presupuesto:

Adoración:

Ministerio infantil:

Actividades especiales:

Aquí debemos cuidarnos de la tentación. Si Dios está embargando su corazón con su grandeza y usted mira a su alrededor, tal vez esté viendo algunas discrepancias. Tal vez usted vea algunas de las mismas tendencias que han caracterizado su vida en su iglesia.

Entonces, ¿se va? ¿Busca otra iglesia? ¿Se va a una iglesia diferente que está más alineada con esa nueva visión? Aunque en algunos casos tal paso pudiera ser necesario, en la mayoría de los casos usted debe quedarse en su iglesia y ser un catalizador para el cambio.

Tal vez el enfoque de su imaginación no tiene que estar en una iglesia diferente sino en lo que su iglesia debiera ser.

Lea 1 Corintios 14.22-25. Según este pasaje, ¿cómo se lleva un incrédulo a Cristo en la iglesia?

Una iglesia que está comprometida a seguir a Dios tiene la visión de estar entregada a Dios de una manera completa y sin concesiones. Cuando los incrédulos entran a la iglesia, la grandeza de Dios que se muestra allí los cautiva de tal forma que claman para también conocerlo a Él.

Dar rienda suelta al pueblo de Dios para que cumpla con el propósito de Dios en el mundo implica que nos dediquemos a la oración incesante en la iglesia. ¿Por qué? Porque la oración es una de las muestras principales de nuestra abnegación y de la preeminencia de Dios. Como se ha dicho a menudo, la oración no es la preparación para el trabajo…

LA ORACIÓN ES EL TRABAJO.

DÍA 4

UNA CONSTANTE DEPENDENCIA

Debemos orar por nuestras iglesias. Usted y yo, en nuestra abnegación, reconocemos que es imposible ver cambios en nuestras iglesias y mucho menos cumplir con el propósito de Dios mediante nuestra fuerza. Así que expresamos nuestra dependencia en Dios por medio de la oración y Él se deleita en mostrar su gloria al darnos lo que necesitamos para lograr su propósito.

¿Por qué la oración, por su misma naturaleza, es una expresión de dependencia en Dios?

Lea Salmos 50.15, una descripción del núcleo de la oración. Según este pasaje, ¿qué hacemos en la oración?

¿Qué hace y qué recibe Dios cuando oramos?

Dios, mediante la oración, da gracia a sus hijos de una manera que además le da la gloria a Él. La oración es una prioridad no negociable para cualquier iglesia o miembro de iglesia que quiera seguir a Dios.

Lea cada uno de los pasajes siguientes. ¿Qué tienen en común?

Hechos 1.14:

Hechos 2.42:

Hechos 6.4:

¿Qué revela esta práctica acerca de las prioridades de la iglesia local?

La iglesia primitiva dependía por completo del poder de Dios. Muchos de los triunfos de la iglesia en el libro de los Hechos fueron el resultado directo de la oración. A menudo Dios realizaba obras poderosas para la propagación del evangelio y la declaración de su gloria como respuesta a las oraciones de su pueblo.

Estos creyentes sabían que la oración era necesaria para cumplir con el propósito de Dios en el mundo. El punto de la oración no es hacer las cosas como de costumbre en la iglesia. La realidad es que podemos tener por nuestra cuenta una religión monótona y enfocada en los humanos. Pero si queremos hacer discípulos en todas las naciones, necesitamos orar. Cuando sacrificamos todo lo que somos y arriesgamos todo lo que tenemos en la línea de fuego de una batalla por las almas de millones de personas a nuestro alrededor y miles de millones alrededor del mundo que no conocen a Jesús, estamos obligados a orar.

Ore por su iglesia. Ore para que capte una visión de la grandeza de Dios. Las victorias espirituales están más allá de nosotros y debemos entender su enormidad y nuestra insuficiencia para alcanzarlas. La grandeza de nuestra tarea nos hace conscientes de nuestra urgente necesidad de Dios y debemos vivir en una dependencia constante de Él.

Lea Isaías 62.6-7. ¿Cómo se relaciona este pasaje con la oración?

En especial, ¿cómo se relaciona este pasaje con la necesidad urgente de orar?

"Ni le deis tregua" (v. 7). Quiero ser parte de un pueblo que no le dé tregua a Dios con la oración y a buscarle. Quiero ser parte de un pueblo que invoque al Señor día y noche, que se niegue a dejarlo tranquilo porque tenemos sed de la Palabra de Dios en nuestras vidas, del poder de Dios en su iglesia y de la gloria de Dios en todas las naciones.

No quiero darle tregua a Dios hasta que nuestras iglesias estén comprometidas por completo con el propósito grande y glorioso de Dios. No quiero darle tregua a Dios hasta que experimentemos su poder y presencia como lo vemos en la iglesia de Hechos. Un hombre predicó y más de tres mil personas se compungieron de corazón y fueron salvas. Cada día el Señor añadía gente salva a la iglesia. Los cojos caminaban y los ciegos veían. Miles venían a Cristo pagando un gran precio, sin embargo, no se les podía impedir que proclamaran el evangelio. Dios estaba tomando a las personas y llevándolas a desiertos remotos para hablar a otros que se preguntaban acerca de Jesús. El número de discípulos crecía rápidamente y el evangelio se propagaba con poder.

QUIERO SER PARTÍCIPE DE UNA OBRA DE DIOS ASÍ. ¿Y USTED?

VALE LA PENA EL RIESGO

Mateo 10 es un recordatorio aleccionador de que la vida radical es una empresa riesgosa. Pero con esta advertencia recordemos que para muchos en el mundo no se trata de un cuadro de algo radical.

Es lo normal.

Lea Mateo 10.16-25. ¿Cuál es la parte más aleccionadora de este pasaje para usted?

¿Qué le resulta alentador en este pasaje?

El lenguaje de estos versículos muestra a Jesús como un comandante que envía soldados a una misión. Él reunió a sus discípulos y los envió. A la luz de las necesidades que tenían delante y del peligro que les rodeaba, los discípulos sabían que estaban yendo a la batalla.

¿Tiene usted ese mismo sentido de urgencia en cuanto a los mandatos de Jesús?

¿Qué pudiera haber en su vida que estuviera anulando ese sentido de urgencia?

A fines de la década de 1940 el gobierno de los Estados Unidos encargó la construcción de un vehículo militar para la marina que costaba $80 millones de dólares. El objetivo era diseñar una nave que pudiera transportar rápidamente 15,000 soldados en tiempos de guerra. En 1952 la construcción del SS United States estaba terminada. La nave podía viajar a 44 nudos y podía avanzar 10,000 millas sin detenerse para echar combustible ni buscar provisiones. Era el portador de tropas más veloz y confiable del mundo.

Lo único que nunca transportó un ejército.

Por el contrario, el SS United States se convirtió en una nave de lujo para presidentes, jefes de estado y diversas celebridades que viajaron en este durante sus 17 años de servicio. Como nave de lujo no podía transportar a 15,000 personas. En cambio, solo podía llevar menos de 2,000 pasajeros. Esos pasajeros podían disfrutar los lujos de 695 camarotes, 4 comedores, 3 bares, 2 teatros, 5 acres de cubierta con una piscina climatizada, 19 elevadores y otras comodidades de la primera nave en el mundo, con aire acondicionado, para pasajeros. En lugar de ser una embarcación que se usara para la batalla en tiempos de guerra, el SS United States se convirtió

SEMANA 6: DIOS RADICAL **127**

en un medio de complacencia para clientes ricos que deseaban viajar tranquilamente por el Atlántico.

¿Qué diferencias había entre las metas de la nave militar y las de un transatlántico de lujo?

¿Cómo cree usted que este ejemplo se relaciona con la iglesia actual?

Lea Mateo 16.16-19. ¿Cómo se alinean las instrucciones de Jesús para el tiempo de guerra de Mateo 10 con su descripción de la iglesia?

La iglesia fue diseñada para la batalla. El propósito de la iglesia es movilizar a las personas para cumplir con una misión. Sin embargo, parece que hemos convertido a la iglesia de un portador de tropas a un transatlántico de lujo. Parece que nos hemos organizado no para ir a la batalla por las almas de los pueblos del mundo sino para deleitarnos en las comodidades apacibles.

Vuelva a leer la oración anterior. ¿Se cumple eso en su iglesia? ¿Por qué sí o por qué no?

Necesitamos algo más que un compromiso renovado con los mandatos radicales, pero bíblicos, de Jesús. Necesitamos que Dios abra nuestros ojos a la guerra que se libra a nuestro alrededor. Las cosas cambian en tiempo de guerra. Las prioridades son diferentes. Los valores se alteran. Y estamos en una guerra para la gloria de Dios.

Que Dios nos dé el valor y la convicción para mirar de frente a un mundo de 4.5 mil millones de personas que se van al infierno y de 26,000 niños que mueren cada día de inanición y de enfermedades que se pueden prevenir. Si viéramos la necesidad y la grandeza de Dios nos dejara atrapados, decidiríamos que llegó la hora de llevar este barco a la batalla en lugar de quedarnos sentados junto a la piscina, esperando que el personal nos sirviera más aperitivos.

Vamos a tomarlo en serio. Seamos realistas. Abracemos al gran Dios y su gran misión. Imagine que no una sola persona sino toda la iglesia de Jesucristo, que sabemos que al final vencerá, se comprometiera y movilizara por la gloria de Dios en las naciones. Imagíneselo.

ESO SÍ SERÍA RADICAL.